Kleine Geschichte der Oberpfalz

Anna Schiener

Kleine Geschichte der Oberpfalz

Verlag Friedrich Pustet
Regensburg

Umschlagmotiv:
Gesamtansicht der Stadt Amberg von Süden. – Lithographie von G. Schwarz, um 1855. Stadtmuseum Amberg

Bibliografische Information der Deutschen Nationalbibliothek
Die Deutsche Nationalbibliothek verzeichnet diese Publikation in der Deutschen Nationalbibliografie; detaillierte bibliografische Angaben sind im Internet über http://dnb.d-nb.de abrufbar.

www.verlag-pustet.de

ISBN 978-3-7917-2325-9

Umschlaggestaltung: Kulturdesign Anna Braungart, Tübingen
Satz: Vollnhals Fotosatz, Neustadt a. d. Donau
Druck und Bindung: Friedrich Pustet, Regensburg
Printed in Germany 2011

Inhalt

Vorwort

Georg Christoph Gack schrieb in seiner 1847 erschienenen „Geschichte des Herzogthums Sulzbach“: „Schwer ist’s, die Verwirrung in den [oberpfälzischen Gebieten] zu schlichten und ihre Grenzen genau zu ziehen. Denn von Zeit zu Zeit verschlang ein Gebiet das andere.“

Dem kann die Verfasserin nur zustimmen: Schwer ist es, sich der wechselvollen Geschichte der Oberpfalz zu nähern. Fast glaubt man, den Überblick zu verlieren. Denn nicht nur „verschlang von Zeit zu Zeit ein Gebiet das andere“, nein, Verträge und Erbteilungen schufen immer wieder neue Herrschaftsgebiete, die die ohnehin vorhandene territoriale Vielfalt noch vergrößerten. Doch genau diese Vielfalt ist es, die sie spannend macht, die Geschichte der Oberpfalz, dieses Verbindungslandes zwischen Franken und Böhmen, mal Brücke, mal Endstation, je nach politischer Großwetterlage.

Hier zu leben war nicht einfach. Die Menschen mussten mit wechselnden Dynastien und wechselnden Konfessionen, mit fürchterlichen Kriegen, mit Ausbeutung und echter Not zurechtkommen. Fast immer waren sie arm, vor allem als sich Bayern ihrer bemächtigte. So sind den Oberpfälzern über die Jahrhunderte hinweg die großen Worte und spektakulären Gesten abhanden gekommen. Bescheiden seien sie und bodenständig, bedächtig und konservativ, zurückhaltend und gewiss nicht prahlerisch, sagen die Oberpfälzer von sich selbst. Und sie sind stolz auf ihren Dialekt, zu dem Fremde nur mit Mühe Zugang finden. Sie lieben ihre Heimat und sind so zufrieden mit ihr, wie kein anderer bayerischer Volksstamm mit seiner Heimat zufrieden ist. „Die Oberpfalz, die frisst sich in dein Herz hinein“, sagte ein Oberpfälzer in einem Fernsehinterview. Er erzählte von der Schönheit der Landschaft zwischen Waldsassen (Lkr. Tirschenreuth) und Schierling (Lkr. Regensburg), Pyrbaum (Lkr. Neumarkt) und Lohberg (Lkr. Cham), von Bergen und Hügeln mit herrlichen Mischwäldern, idyllischen Seen, Teichen und Flussläufen, von Burgen und romantischen Burg-

Teichwirtschaft und Fischerei spielen in der Oberpfalz seit dem Mittelalter eine bedeutende Rolle. Die Tirschenreuther Teichpfanne ist eines der größten zusammenhängenden Fischzuchtgebiete Deutschlands.

ruinen, von Schlössern, Kirchen und Klöstern und von der Kraft, die die Menschen hier besitzen.

'S mou geih – es muss gehen: Das war und ist die Devise der Oberpfälzer. Gustl Lang, bayerischer Wirtschaftsminister und gebürtiger Oberpfälzer, brachte es auf den Punkt: „Es gibt keinen Regierungsbezirk unseres Landes, der in so kurzer Zeit so viele Belastungen zu ertragen hatte, wie unsere Oberpfalz. Dennoch sind wir an unserer Last nicht in die Knie gegangen, nicht zerbrochen. Wo liegt denn das Geheimnis? Wer die Geschichte unseres Landes kennt, der weiß, dass die Schicksalsschläge in Jahrhunderten diese Oberpfälzer prägten, die nie aufgaben und nie aufgeben, immer wieder von vorne beginnen, es immer wieder schaffen mit Tüchtigkeit und Zuversicht."

Topografisches

Vulkane, Riffe, Alte Gebirge und ein märchenhafter Fluss

Geologisch und tektonisch ist die Oberpfalz ein ungemein spannender Raum, in dem Erdaltertum (Paläozoikum), -mittelalter (Mesozoikum) und -neuzeit (Känozoikum) aufeinandertreffen. Im Norden, Osten und Süden liegen die alten Rumpfgebirge Steinwald, Oberpfälzer und Bayerischer Wald, die durch die Waldnaab-Wondreb-Senke und die Cham-Further Senke voneinander getrennt werden. Die Gebirge entstanden vor 400 bis 250 Millionen Jahren als Faltengebirge und wurden im Laufe des Erdmittelalters durch Verwitterung und Abtragung stark eingeebnet. Immer wieder überfluteten Meere die Gebirgsrümpfe, bis sie in der Kreidezeit, als die Hebung der Alpen begann, erneut in Bewegung gerieten, an Bruchlinien aufstiegen und sich wieder senkten.

In eine dieser Bruchlinien des Bayerischen Waldes drangen im Perm hydrothermale Wässer ein, aus denen sich Quarz auskristallisierte. Durch Hebungs- und Verwitterungsvorgänge ist das weniger resistente Begleitgestein abgeräumt und der harte Quarzgang herauspräpariert worden. Der als „Pfahl" bezeichnete langgestreckte Höhenrücken, der bei Nabburg-Schwarzenfeld (Lkr. Schwandorf) beginnt, ist eines der faszinierendsten Naturschauspiele Ostbayerns.

Begrenzt werden die heute stark erodierten, überwiegend aus Granit und Gneis bestehenden alten Rumpfgebirge durch eine markante, von Nordwest nach Südost verlaufende Störung, die Fränkische Linie, die bis in die Weidener Bucht reicht und in der bei Regensburg auftretenden Keilbergstörung ihre Fortsetzung findet. An dieser Verwerfung – sie durchdringt die Erdkruste bis in eine Tiefe von über 30 km – wurden die Grundgebirge während der Entstehung der Alpen auf das westlich angrenzende, dem Erdmittelalter zugeordnete Vorland aufgeschoben. Über mehrere Millionen Jahre begleiteten heftigste Erdbeben das Geschehen.

Durch die tektonischen Bewegungen entstand zwischen dem im Westen liegenden Schichtstufenland und den nordostbayerischen Grundgebirgen eine „Knautschzone“: das Oberpfälzer Bruchschollenland. Es besteht aus einer Vielzahl von Brüchen und Störungen mit unterschiedlichsten Gesteinsarten: Kalke aus dem Jura, Sande und Tone aus Paläogen und Neogen oder Schotter aus dem Quartär. Durch die Brüche, Verbiegungen und Faltungen konnten in das Sedimentgestein basische Magmatite (Basalt) eindringen, die in Schloten aufstiegen, jedoch erstarrten, als sie die Erdkruste durchdrangen. Zu Oberflächenvulkanismus kam es deshalb hier nicht.

Verhinderte Vulkane: Rauher Kulm und Parkstein

„Im Mittelpunkt Deutschlands steht er, alle Berge weit und breit überragend, gewissermaßen ein Weltwunder ... nur in Arabien, im Sinai und Horeb" sei seinesgleichen zu finden, schrieb der in Leiden lehrende Universalhistoriker Georg Horn 1667 über den Rauhen Kulm.

Ein Weltwunder ist er natürlich nicht, der Basaltkegel des Rauhen Kulm (682 m), wie der vielleicht heimwehgeplagte Horn meinte – er stammte aus dem nahe gelegenen Kemnath (Lkr. Tirschenreuth) –, aber er ist sicher neben dem Parkstein (594 m) bei Weiden die markanteste Erhebung in der nördlichen Oberpfalz.

Rauher Kulm und Parkstein, den Alexander von Humboldt als einen der schönsten Basaltkegel Europas bezeichnete, sind durch Verwitterung und Abtragung freigelegte vulkanische Förderschlote, in denen die glutflüssige Magma steckenblieb oder kaum an der Oberfläche angelangt erstarrte. Sie sind Teil einer Vulkankette, die bis nach Nordböhmen reicht. Die Region ist noch heute eine der seismisch aktivsten in Europa. Im Oktober 2008 registrierten die Seismographen des Geo-Zentrums in Windischeschenbach (Lkr. Tirschenreuth) immerhin Erdstöße der Stärke 4,0. Das Dorf Hatzenreuth (Stadt Waldsassen, Lkr. Tirschenreuth) lag dabei im Epizentrum der Beben.

Seit 2003 gehört der Parkstein zu den schönsten Geotopen Bayerns und seit 2006 zu den bedeutendsten Geotopen Deutschlands.

Die westliche Begrenzung der Oberpfalz bildet der Oberpfälzer Jura, Teil der Fränkischen Alb, die zur Schichtstufenlandschaft Nordbayerns gehört. Sie besteht aus einem gänzlich anderen geologischen Substrat als die östlichen Grundgebirge, nämlich aus Kalken. Vor rund 200 Millionen Jahren bedeckte ein warmes Flachmeer die Gegend, das immer wieder austrocknete und sich neu bildete. In einem Zeitraum von etwa 60 Millionen Jahren setzten sich am Grund des Meeres Sedimente ab, die von kalkbildenden Organismen stammten. Während der Trockenphasen verkarstete der zu Festland gewordene Meeresboden und es entstanden die ausgedehnten Höhlensysteme, Dolinen und Grotten, die wir heute aus dem Jura kennen. Zu ihnen gehört die nur 450 m lange König-Otto-Höhle bei Velburg (Lkr. Neumarkt), die als eine der schönsten Tropfsteinhöhlen Deutschlands gilt.

Neben Ammoniten und Saurierreste führenden Kalken und Mergeln wuchsen am Grund der flachen und warmen Schelfmeere riesige Schwamm- und Korallenriffe, deren Riffkalke zum Teil durch Zufuhr von Magnesium in Dolomit umgewandelt wurden. Die charakteristische Kuppenlandschaft der Alb ist auf diese Riffdolomite zurückzuführen.

Weißer Jura (Malm) bestimmt die Karstgebiete des Oberpfälzer Jura. Im Juravorland, das im Westen des Regierungsbezirks eine breite Übergangszone zum flachen mittelfränkischen Keuper-Lias-Land bildet, treten dann die älteren Schichten des schwarzen (Lias) und des braunen Jura (Dogger) zutage.

An der Bruchkante zwischen Jura und Vorland lassen Zeugenberge, wie der 595 m hohe Dillberg, erkennen, dass die Schichtstufenlandschaft deutlich weiter nach Westen reichte. Erosionsvorgänge arbeiteten in Jahrmillionen die Berge heraus und trennten sie von den Jura-Schichtstufen.

Ganz im Süden der Oberpfalz schließen der Westzipfel der Donauebene und ein Randstreifen des tertiären Hügellandes den Regierungsbezirk vom benachbarten Niederbayern ab.

An der Donau hat die Oberpfalz nur wenig Anteil. Ihr zentraler Fluss ist die Naab, deren Einzugsgebiet mit allen Quell- und Zuflüssen immerhin 5225 km^2 umfasst. „Die Naab ist eine echte Oberpfälzerin“, schreibt Franz X. Bogner und hat damit

völlig Recht, denn sie ist der einzige Fluss, der den gesamten Regierungsbezirk von der Nordgrenze bis zur Mündung bei Regensburg durchzieht. Allerdings sind zwei ihrer Quellflüsse „geborene" Fränkinnen, nämlich Fichtelnaab und Heidenaab. Über die Länge des Flusses ließe sich streiten. Nimmt man den längsten Quellfluss, die Waldnaab (100 km Länge), und rechnet dazu 98 km ab der Vereinigung von Waldnaab und Heidenaab bei Oberwildenau (Markt Luhe-Wildenau, Lkr. Neustadt) – erst ab hier wird der Fluss als Naab bezeichnet –, ergibt sich eine Länge von 198 km.

Die Urnaab stand in enger Verbindung zum zweiten wichtigen Fluss in der Oberpfalz, dem Regen. Er floss durch die Bodenwöhrer Bucht und vereinigte sich mit der Urnaab bei Schwandorf zu einem weitverzweigten Fluss-Seen-System. Durch Geländehebungen und -senkungen bei der Entstehung der Alpen kam es im Unterlauf zur Trennung der beiden Flüsse. Der Regen knickte westlich von Nittenau (Lkr. Schwandorf) nach Süden ab und nutzte nun das ursprüngliche Tal der Naab bis zur Mündung in die Donau.

Beinahe alle Flüsse der Oberpfalz fließen in die Donau. Die Wondreb macht eine Ausnahme. Obwohl sie im Einzugsgebiet der Naabquellflüsse entspringt, orientiert sie sich nach Osten und mündet in die Eger. Wir befinden uns hier im Bereich der Europäischen Hauptwasserscheide. Der Main mit seinen beiden Quellflüssen wendet sich nach Westen dem Rhein zu, die Eger mit ihren Zuflüssen mündet in die Elbe und die Naab entwässert Nordostbayern zur Donau hin.

Die Naab bildet ein einzigartiges Biotop, wie es in Mitteleuropa kaum noch zu finden ist. Hier leben Eisvögel und Milane, seltene Flussperlmuscheln, Edelkrebse und ein Fisch „halb Karpfen halb Hecht mit goldenen Schuppen". Sollte es Ihnen, liebe Leserin, lieber Leser, gelingen, dieses Tieres habhaft zu werden, dann werden Sie den Schlüssel zu einer Schatztruhe finden, die an der Naab zwischen Pfreimd und Nabburg verborgen liegt. Versuchen Sie es! Es lohnt sich! Denn einen Schatz – nicht unbedingt materieller Natur – werden Sie hier in jedem Fall finden.

◀ Die Naab – hier bei Kallmünz – ist der zentrale Fluss der Oberpfalz.

Die Oberpfalz in prähistorischer Zeit

Jäger, Sammler, Ackerbauern

Zu den bevorzugten Lebensräumen altpaläolithischer Menschen gehörte das Gebiet der heutigen Oberpfalz wohl nicht, obwohl es im Gürtel der eisfreien Zone zwischen nördlicher und südlicher Vergletscherung lag und Felsschutzdächer (Abri), Grotten und Höhlen der Fränkischen Alb Schutz vor schlechtem Wetter und Unterschlupf bei den Jagdzügen durch die eiszeitlichen Tundren und Steppen bieten konnten. Erst am Ende des Altpaläolithikums (500 000 bis 100 000 v. Chr.), in der Warmzeit zwischen Riss- und Würmeiszeit, scheinen Menschen, die zur Gruppe der Neandertaler gerechnet werden, hier aufgetaucht zu sein. Ein Faustkeil, angefertigt von den nomadisierend herumstreifenden Jägern und Sammlern, belegt die Begehung der wichtigsten regionalen Verbindung in den böhmischen Raum, der Cham-Further Senke, vor mehr als 100 000 Jahren. Man fand das Werkzeug 1961 bei Erdaushubarbeiten 1 km östlich der Ortschaft Pösing (Lkr. Cham).

Flusstäler, wie das untere Regen- und das Altmühltal, zogen prähistorische Menschen besonders an. Eine altsteinzeitliche Klinge, die beim Bau eines Hauses in Diesenbach (Lkr. Regensburg) zu Tage kam, und Relikte, die in der Fischleitenhöhle bei Mühlbach (Gem. Dietfurt, Lkr. Neumarkt) gefunden wurden, belegen die Anwesenheit durchziehender Trupps von Neandertalern spätestens in der Würmeiszeit. Und auch im Tal der Donau fanden sich Zeugnisse der Frühmenschen. In der Gegend um Oberisling (Stadt Regensburg) hinterließen sie an Jagdrastplätzen Abschläge von Hornstein, Schaber, Faustkeile und andere Artefakte.

Im Laufe der letzten Eiszeit scheinen sich vermehrt Familienclans der Wildbeuter im Süden der Oberpfalz, in den Tälern von Donau, Naab und unterer Altmühl aufgehalten zu haben. Gegen Ende der Würmeiszeit belegten sie schließlich weiter nördlich liegende Höhlen des Jura, wie die Bettelküche bei

Troßalter (Lkr. Amberg-Sulzbach) westlich von Sulzbach-Rosenberg. Auch der Osten der Oberpfalz blieb nicht menschenleer. Im mittleren Schwarzachtal fand man Gerätschaften, deren Alter auf über 12 000 Jahre geschätzt wird.

Zum Ende des Paläolithikums (8000 v. Chr.) wagten sich die Jägerhorden von der Donau kommend vilsaufwärts und erreichten wohl die Gegend von Ensdorf (Lkr. Amberg-Sulzbach) südlich von Amberg. Dass selbst der unwirtliche Nordosten der Oberpfalz nicht gänzlich gemieden wurde, wie man lange Zeit vermutete, zeigen die bei Moosbach südlich von Pleystein (Lkr. Neustadt/Waldnaab) gefundenen Artefakte, die einer endpaläolithischen Jägergruppe zugeordnet werden.

Um das 8. Jahrtausend v. Chr. setzte eine entscheidende Klimaänderung ein. Wegen der fortschreitenden Erwärmung zogen sich Tundren- und Steppenvegetation zurück; an deren Stelle traten ausgedehnte Wälder. Die Großtiere der Eiszeit wanderten ab oder starben aus. Wisente, Auerochsen und Riesenhirsche wurden nun zu Beutetieren der mittelsteinzeitlichen Menschen, die, noch immer nicht sesshaft, weiter als Jäger und Sammler die Gegend durchstreiften. Höhlen suchten sie jetzt bevorzugt für kultische Zwecke auf, kaum mehr als Wohnplätze. Zeltlager – über einem Gerüst aus Holz- oder Geweihstangen spannte man Tierfelle – dienten als Unterkünfte, die durch die verbesserten Lebensbedingungen weniger häufig gewechselt werden mussten. Im Laufe der Mittelsteinzeit (Mesolithikum), die etwa um 5500 v. Chr. endete, dehnten die Jägerhorden ihre Beutezüge bis in die nördliche und östliche Oberpfalz aus. Das Gebiet der Cham-Further Senke wurde, wie zahlreiche Lesefunde belegen, auch im Mesolithikum regelmäßig begangen.

Die Jungsteinzeit (Neolithikum) brachte schließlich *den* entscheidenden Wandel: Die Jäger und Sammler gaben ihr nomadisches Leben auf und wurden sesshaft. Feldbau und Viehhaltung, Vorratswirtschaft und Hausbau bestimmten nun das Leben der Menschen, die sich ganz neue handwerkliche Fertigkeiten aneignen mussten, um als Bauern zu überleben. Die Kenntnisse agrarischer Wirtschaftsformen hatten sich im Vorderen Orient bereits um 8000 v. Chr. herausgebildet und sickerten allmählich in Europa ein. Zuwanderer aus Pannonien brachten schließlich vor etwa 7000 Jahren als Erste Saatgut, Haustiere und das notwendige Wissen in den süddeutschen Raum. Sie siedelten sich auf den ertragreichen Lösslehmböden der Flusstäler an und integrierten in kurzer Zeit die heimischen, noch nomadisch lebenden Jäger. Wälder wurden gerodet, Dörfer und Felder angelegt. Die nun einigermaßen sichere Nahrungsversorgung führte sehr schnell zu einem bedeutenden Bevölkerungswachstum, sodass sich die Menschen dieser ersten Bauernkultur, nach den Verzierungen auf ihren Tongefäßen als Linearbandkeramiker bezeichnet, über ganz Mitteleuropa ausbreiten konnten.

In der Oberpfalz ließen sich die frühen Siedler im Süden auf den fruchtbaren Böden des Donautals nieder. Das Dorf von Regensburg-Harting aus dem 5. Jahrtausend v. Chr. belegt, mit welch hohem Material- und Arbeitseinsatz die Menschen, wohl Stichbandkeramiker, arbeiteten, um die großen 25 m langen und 6 m breiten strohgedeckten Wohn-, Arbeits- und Speicherhäuser zu errichten.

Nördlich der Donau wird die überkommene nomadische Lebensweise noch einige Zeit fortgedauert haben, bis sich schließlich auch hier die Neuerungen durchsetzen konnten.

Die Feuersteinstraße

Feuerstein war der wichtigste Rohstoff der Jungsteinzeit. Wegen seiner beträchtlichen Härte und guten Spaltbarkeit wurde ein großer Teil der Werkzeuge und Waffen aus diesem Quarzmineral hergestellt. Nahe der Ortschaft Arnhofen bei Abensberg (Lkr. Kelheim/Ndb.) wurde in den 1980er-Jahren ein neolithisches Bergwerk entdeckt, in dem zwischen 5000 und 4000 v. Chr. Feuerstein abgebaut wurde. Das gewonnene Material transportierte man auf der „Feuersteinstraße" quer durch die heutige Oberpfalz auf den Flüssen Donau, Regen, Naab und Schwarzach, die vermutlich mit Einbäumen befahren wurden, über die wichtige Verbindung der Cham-Further Senke und den Pass von Waldmünchen durch Böhmen bis in die Gegend des heutigen Prag.

Etwa mit der beginnenden mittleren Jungsteinzeit (ab ca. 4900 v. Chr.) bildeten sich unterschiedliche regionale Kulturgruppen aus, deren Verbreitung in der Oberpfalz vorrangig im Süden lag. Die Gruppe Oberlauterbach (bis etwa 4600 v. Chr.) lässt sich durch Funde aus Piesenkofen (Lkr. Regensburg) nachweisen. Ihre Siedlungen aus Langhäusern legten die Oberlauterbacher bevorzugt in Spornlagen an und umgaben sie mit Gräben.

Die Menschen der nachfolgenden Münchshöfener Kultur (bis etwa 3800 v. Chr.) ersetzten das Langhaus durch eine dreieckige Bauweise. Innerhalb ihrer Siedlungen fand man Bestattungen, die auf Menschenopfer hinweisen. Diese Kultur wurde stark aus dem südosteuropäischen Raum beeinflusst, wie die bei Aukofen (Lkr. Regensburg) gefundenen Keramiken zeigen.

Die Altheimer Gruppe (bis ca. 3200 v. Chr.) folgte in ihrer Keramik der allgemeinen jungsteinzeitlichen Tendenz, schlichte grobwandige Schüsseln und Trichtertöpfe mit einfachen Randverzierungen zu fertigen. Die Menschen der Altheimer Kultur eroberten sich neues Siedlungsterrain, nämlich Feuchtböden. Ihre Häuser haben deshalb kaum Spuren hinterlassen. Bei Sengkofen (Lkr. Regensburg) kam eine Grubenhütte zu Tage, die wohl als Vorratslager diente. Bemerkenswert ist, dass die Altheimer als Erste in Süddeutschland Kupfer verarbeiteten.

Nahe Piesenkofen (Lkr. Regensburg) und weiter westlich bei Griesstetten (Stadt Dietfurt, Lkr. Neumarkt) an der Altmühl wurden Siedlungen der Chamer Kultur (bis ca. 2200 v. Chr.) entdeckt. Die jungsteinzeitliche Siedlung im unteren Altmühltal lag geschützt zwischen Wasserläufen und bestand etwa 200 Jahre. Ihre mit Feuerstellen versehenen Häuser legten die Menschen annähernd quadratisch an und errichteten sie in Blockbauweise. Tierknochenfunde zeigen, dass sie Rinder, Schweine und Schafe als Haustiere hielten, vielleicht auch schon Pferde.

Die Kultur der Schnurkeramiker, die kaum über Siedlungsplätze nachgewiesen werden kann, ist im Altmühltal bei Dietfurt durch mehrere Gräber dokumentiert. Zu den Grabbeigaben zählen Gefäße mit Schnurverzierung, Äxte und Beile aus Stein, Dolche aus Feuerstein und Knochengeräte.

Um 2000/1800 v. Chr. ging die Jungsteinzeit mit der Glockenbecherkultur, die rund 200 Jahre West- und Mitteleuropa prägte, zu Ende. Glockenbecherleute hatten sich an der Donau und ihren Zuflüssen, wie an der Altmühl bei Dietfurt, und damit an wichtigen Handelsstraßen angesiedelt. In Regens-

Im Grab des „Kriegers von Barbing" fanden Archäologen den bislang ältesten Nachweis von Gold in Bayern und die weltweit älteste bemalte Keramik.

burg-Barbing wurde Mitte 2010 das Grab eines mit Waffen, Keramik und einem Goldring ausgestatteten jungen Kriegers gefunden – ein ganz außergewöhnlicher Fund auch insofern, als in Bayern bisher aus dieser Epoche nur vier weitere Gräber mit Goldbeigaben entdeckt wurden.

Die Zuwanderer aus dem Westen, die auf der Suche nach Metallen in Europa ausschwärmten, waren allein schon durch ihre metallurgischen Kenntnisse den einheimischen Kulturen überlegen und leiteten zum nächsten kulturhistorisch einschneidenden Wandel über.

Der neue Werkstoff Bronze

In der späten Jungsteinzeit tauchte zum ersten Mal das Metall Kupfer in Mitteleuropa auf. Zur Werkzeug- und Waffenproduktion war das weiche Metall allerdings kaum geeignet. Erst die Legierung von Kupfer und Zinn brachte einen geeigneten Werkstoff hervor: Bronze. Natürlich löste er nicht sofort und überall die Stein- und Knochengeräte ab. Die Übergänge waren fließend.

Existenzbasis blieb auch nach dem „Metallschock" die Siedlung mit Ackerbau und Viehhaltung, die, ursprünglich völlig auf Selbstversorgung ausgerichtet, nun wegen des Metallbedarfs aus ihrer Isolierung heraustreten musste. Ein funktionierender Fernhandel wurde notwendig, um an die begehrten Rohstoffe zu kommen – Kupfer aus dem Salzburger Land und aus Tirol, Zinn aus Böhmen –, und sowohl Rohstoffgewinnung als auch Bronzeguss erforderten spezialisierte Handwerker. Damit begann eine weitreichende Umstrukturierung der Gesellschaft. Hierarchien bildeten sich aus und Abhängigkeiten entstanden.

Voraussetzung für das Aufkommen einer „Oberschicht" waren die Gewinnung der Herrschaft über den Zugang zu den Rohstoffquellen und die überschießende Produktion landwirtschaftlicher Erzeugnisse, um im Tausch die begehrten Metalle zu erwerben.

Die neue Wirtschaftsordnung konnte nur funktionieren, wenn eine straffe „politische" Organisation hinter allem stand. Sie ging von den die wichtigen Verkehrswege beherrschenden Burgen aus. Die hier „residierende" neu entstandene Führungsschicht konnte sich die Kontrolle über die Kupfer- und Zinnhandelswege sichern und setzte sich damit von den übrigen Mitgliedern der Sippe ab. Eine Art „Adel" bildete sich aus.

In der Frühphase der Bronzezeit blieb die Besiedlung der Oberpfalz im Wesentlichen auf das Donautal beschränkt, in der mittleren und späten Bronzezeit erlebte dann die gesamte westliche Oberpfalz eine kulturelle Blüte. Der östliche Teil blieb eher dünn besiedelt.

Mit dem Beginn der Urnenfelderzeit (1200 bis 800 v. Chr.), eine Periode, die in eine trocken-warme Klimaphase fiel, vollzog sich ein neuerlicher tiefgreifender sozialer und kultureller Wandel. Die Oberschicht entwickelte sich zum Kriegeradel, der in großen befestigten Höhensiedlungen saß. Hier konzentrierte sich die politische und wirtschaftliche Macht. Der Schlossberg bei Kallmünz (Lkr. Regensburg), an strategisch perfekter Stelle im Mündungsdreieck Naab – Vils und nahe der Handelsdrehscheibe vor der Bodenwöhrer Bucht gelegen, trug eine dieser fast stadtähnlichen Siedlungen. Eine weitere Anlage befand sich auf dem Johannisberg bei Amberg. Die Siedlungen des Flachlandes blieben, wie das urnenfeldzeitliche Dorf von Plankstetten (Stadt Berching, Lkr. Neumarkt), unbefestigt.

Der kulturelle Wandel tritt deutlich in den veränderten Bestattungssitten hervor, die wohl auf neue religiöse Vorstellungen zurückgehen. Die seit Jahrtausenden übliche Körperbestattung wurde aufgegeben. Man verbrannte nun die Toten, füllte die Asche in Urnen und setzte sie in einer kleinen Grabgrube bei. Die Urnengräber wurden in beträchtlicher Anzahl zu großen Friedhöfen aneinandergereiht – zu den namengebenden Urnenfeldern.

Bronze blieb weiterhin der Rohstoff zur Herstellung von Waffen, Schmuck und Gerätschaften. Zum Ende der Urnenfelderzeit tauchte dann vereinzelt Eisen auf – in den Hochkulturen des Vorderen Orients längst ein wichtiger Werkstoff. Wegen seiner außerordentlichen Kostbarkeit wurde das neue Material in unserem Raum jedoch zunächst nur als Zierrat verwendet.

Eine neue Epoche: Die Eisenzeit

Die Kenntnisse der Eisenverarbeitung gelangten durch Zuwanderer über Griechenland und Italien oder Südosteuropa in den mitteleuropäischen Raum. Mit den Neusiedlern kam es zu ethnischen Umschichtungen. Sie überlagerten die urnenfelderzeitlichen Gesellschaften, ohne dass ein Bevölkerungswechsel erfolgte. Die so genannte Hallstattkultur (800/700 bis 500/450 v. Chr.) entstand.

Vollständig verdrängen konnte der neue Werkstoff die Bronze nicht, doch Waffen, Werkzeug und Geräte fertigte man nun wegen der größeren Härte aus Eisen, dessen natürliche Vorkommen im Unterschied zu Kupfer und Zinn viel weiter verbreitet waren. Zudem war Eisenerz leichter zu gewinnen und konnte an Ort und Stelle verhüttet werden. Damit wurde Eisen deutlich „billiger" als Bronze. Die wirtschaftlichen Veränderungen führten zu einem neuerlichen gesellschaftlichen Wandel.

Das bronzezeitliche Kontrollsystem über die Fernhandelswege für Kupfer und Zinn und damit die Vormachtstellung der alten Elite brach zusammen. Durch die qualitativ besseren und billigen Eisengeräte nahm nun die landwirtschaftliche Produktion einen beträchtlichen Aufschwung, sodass sich jetzt eine breite Schicht wohlhabender Bauern und eine Art ländlicher Adel herausbilden konnten. Prachtvolle „Fürstensitze" wie in anderen Gebieten Süddeutschlands gab es in der Oberpfalz, die kaum vom Fernhandel mit dem reichen Südwesten profitierte und sich nach Osten in den böhmisch-ungarischen Raum orientierte, jedoch nicht. Dass die Oberschicht dennoch keineswegs „arm" war, beweist das große Gräberfeld von Schirndorf nahe Kallmünz aus dem 6. Jahrhundert v. Chr. Die Menschen waren wieder dazu übergegangen, ihre Toten unter Hügeln zu bestatten, und versahen sie mit reichen Beigaben, die den hohen Stand des Handwerks belegen.

Nur die westliche Oberpfalz war während der Hallstattzeit intensiv besiedelt, der Kernbereich lag zwischen Altmühl und Vils. Aus der näheren Umgebung Ambergs gibt es zahlreiche Grabfunde, die eine dichte Aufsiedlung bezeugen. Doch auch die östliche Oberpfalz blieb nicht völlig siedlungsleer, wie die Grabanlage von Lohma, südlich von Pleystein, beweist.

Welcher ethnischen Gruppe die Bevölkerung der Hallstattzeit zuzurechnen ist – ob sie vielleicht schon keltisch war –, konnte die Wissenschaft bisher nicht sicher ermitteln.

Die Kelten

Durch den lebhaften Güteraustausch der frühfeudalen Hallstattkulturen mit den im Mittelmeerraum ansässigen Völkern wandelte sich die Gesellschaft allmählich, bis um die Mitte des 5. Jahrhunderts v. Chr. eine neue Kulturepoche fassbar wird, die als Latènezeit (5. Jh. v. Chr. bis zur Zeitenwende) bezeichnet wird.

Trotz des Aufkommens völlig neuer Stile und Sachformen in Kunst und Kunsthandwerk stellt sich der Übergang bruchlos dar. Es kam zu Bevölkerungsverschiebungen, jedoch nicht zu einem Bevölkerungsaustausch, was darauf hindeuten könnte, dass schon die Menschen der Späthallstattzeit Kelten waren.

Die keltische Gesellschaft gliederte sich in verschiedene Stämme, getragen von einer einheitlichen Kultur, die im Westen bis an die Seine und im Osten bis an die Moldau reichte. Weit gespannte Handelsverbindungen vor allem zum Mittelmeerraum wurden nun intensiviert und entwickelten sich zu Trägern geistiger und kultureller Einflüsse.

Der oberpfälzische Raum stellt sich zu Beginn der Latènezeit geradezu als „Innovationsregion" dar. Die hier produzierten Töpferwaren und Metallgeräte, wie die großartige Parsberger Fibel und die Matzhausener Flasche, waren von hervorragender Qualität. Die Menschen, die sie produzierten, lebten in befestigten Bergsiedlungen, wie dem Buchberg bei Neumarkt oder dem Wolfsberg bei Dietfurt, und in offenen Siedlungen des Flachlandes. Dass sie Kontakte zu den in Nord- und Mittelitalien ansässigen Etruskern pflegten, lässt sich durch Bronzebecken, die in einem Grab im Samsbacher Forst (Lkr. Schwandorf) gefundenen wurden, belegen.

Dieser wirtschaftlichen und kulturellen Blütezeit folgte im 4. und 3. Jahrhundert v. Chr. ein Einbruch – die großen keltischen Wanderungen hatten begonnen. An deren Ende besiedelten die Kelten fast ganz Europa. 276 v. Chr. überschritten sie den Hellespont und ließen sich auch in Kleinasien nieder. Antike Schriftsteller machten Abenteuerlust, Beutegier, aber auch Überbevölkerung und innere Unruhen für die Expansionswelle verantwortlich. Hinzu kam, dass sich das Klima nördlich der Alpen deutlich verschlechterte und damit die Lebensgrundlagen bedroht waren.

In der Oberpfalz fanden diese unruhigen Zeiten einen deutlichen Niederschlag. Siedlungen wurden verlassen oder zerstört, Begräbnisplätze aufgelassen. Ganze Landstriche waren entvölkert. Die Menschen ließen sich nicht mehr an festen Plätzen nieder, sie zogen umher.

Die Umwälzungen lassen sich auch an den Begräbnissitten festmachen. Die Toten wurden nicht mehr in Hügel-, sondern in Flachgräbern bestattet. Aus dem 3. Jahrhundert v. Chr. sind in Nordbayern nur wenige Grabfunde bekannt. Ihr vereinzeltes Vorkommen bezeugt den eher unsteten Charakter der Besiedlung. Kleinere Gruppen haben sich nur vorübergehend in güns-

Die Linsenflasche von Matzhausen, ein außergewöhnliches Zeugnis keltischer Kunst, zeigt einen umlaufenden Tierfries.

tigen Landstrichen niedergelassen, wie ein Trupp aus Böhmen, der bei Riekofen in der Nähe von Regensburg ansässig wurde.

Erst im Laufe des 2. Jahrhunderts kam es zu einer erneuten Aufsiedlung. Die Zeit der weit ausgreifenden Expansion keltischer Stämme war nun vorüber. Überall – auf dem Balkan, in Italien, Spanien und auch im Norden – waren Gegner aufgetreten, die die Eroberer zurückdrängten. Ein Rückstrom aus Italien führte zu einem Wiederaufleben der Latènekultur in unserem Raum. Sie trug nun deutlich mediterrane Züge. Altbekannte Technologien wurden verfeinert, Metall-, Töpfer- und Glashandwerk erlebten eine neue Blüte.

Charakteristisch für diese Phase sind die von Caesar als *oppida* bezeichneten stadtartigen Befestigungen mit hoch spezialisierten Handwerksbetrieben. Hier konzentrierten sich Verwaltung, Produktion, Handel, Warenumschlag und nicht zu vergessen das neu aufgekommene Münzwesen. Der Goldmünzschatz von Großbissendorf (Gem. Hohenfels, Lkr. Neumarkt) zeigt, dass Handel und Warenaustausch keineswegs auf die befestigten Großsiedlungen beschränkt blieben, denn diese fehlen in der Oberpfalz. Die Menschen lebten hier in bescheideneren Anlagen, wie in der Eisen gewinnenden und verarbeitenden Siedlung von Berching-Pollanten (Lkr. Neumarkt), in unbefestigten Mittelpunktsiedlungen, wie die von Egglfing (Gem. Köfering, Lkr. Regensburg), sowie in Einzelgehöften, Weilern und Kleinsiedlungen, die besonders in den Flusstälern in dichterem Abstand zueinander lagen. Zu ihnen könnte „Radaspona" gehört haben, eine kleine keltische Ansiedlung, am Donaubogen gelegen, im späteren Regensburger Becken. Vielleicht meint „Radaspona" aber auch nur eine vielbegangene Furt im Sinn einer Donaulände.

Die Spuren latènezeitlicher Bevölkerung lassen sich nicht nur im Westen der Oberpfalz nachweisen. So genannte Viereckschanzen, Gutshöfe oder auch Kultanlagen mit viereckigen Einfriedungen, wurden bei Lauterhofen (Lkr. Neumarkt) und auch bei Nößwartling (Lkr. Cham) südlich von Furth im Wald gefunden.

Seit dem späten 2. Jahrhundert v. Chr. trieb die keltische Welt allmählich ihrem Untergang entgegen. Innere Streitigkeiten und das nach Vorherrschaft strebende Rom spalteten die Stämme. Der Druck aus dem Süden nahm zu, aber auch der aus dem Norden: Die Furcht vor den Kimbern und Teutonen erschütterte Europa, spätestens um 112 v. Chr. dürften sie Süddeutschland erreicht haben.

Die Germaneneinfälle leiteten den Niedergang der keltischen Kultur ein. Das hoch entwickelte Wirtschaftssystem mit seinen Handels- und Handwerkstraditionen wurde so empfindlich gestört, dass es sich nicht wieder erholen konnte. Schließlich wanderten, folgt man den antiken Berichten des Poseidonios und des Ptolemaios, in der ersten Hälfte des 1. Jahrhunderts v. Chr. keltische Stämme aus Süddeutschland ab. Mancher Stammes- oder vielleicht auch Tempelschatz wurde in diesen unruhigen Zeiten in der trügerischen Hoffnung der Erde anvertraut, ihn nach ausgestandener Gefahr wieder bergen zu können. Das gilt wohl auch für den bei Großbissendorf gefundenen Goldhort. Zurückkehren konnte jedoch niemand mehr, um den immerhin zwei Kilogramm wiegenden Schatz – den drittgrößten Fund keltischer Goldmünzen in Bayern – auszugraben. Der großflächige Abzug der keltischen Stämme war endgültig.

Trotzdem war die Oberpfalz nicht völlig menschenleer. Germanen rückten in das weitgehend verlassene Gebiet nach. Keramik aus Mitteldeutschland taucht im Donautal auf und die Bauweise der Siedlungen verändert sich: kleine rechteckige, in den Boden eingetiefte Hütten, wie sie aus dem thüringischen, aber auch aus dem böhmischen Raum bekannt sind. Archäologen vermuten, dass sich Restkelten aus Böhmen und Germanen aus Thüringen hier ansiedelten. Und es muss Splittergruppen verbliebener einheimisch-keltischer Bevölkerung gegeben haben, denn nur so lässt sich erklären, dass Gewässernamen wie die der Flüsse Naab, Sulz, Chamb oder Laber überliefert werden konnten.

Insgesamt sind aus der Oberpfalz keine archäologischen Funde bekannt, die auf eine umfangreiche germanische Aufsiedlung schließen lassen. Die Gruppen waren eher von den schwierigen Zeiten in Bewegung gehaltene Durchzügler, die nur kurzzeitig an einem Platz verblieben. Der Raum nördlich der Donau wird zur Zeit der Eroberung Südbayerns durch die Legionen des Drusus und Tiberius wohl nur spärlich besiedelt gewesen sein.

Das lange Mittelalter

Römer und Germanen

Im Sommer des Jahres 15 v. Chr. eroberten die Römer unter Führung von Drusus und Tiberius, den Stiefsöhnen des Kaisers Augustus, das Alpenvorland. Unter Kaiser Claudius entstand hier um 40 n. Chr. die Provinz Rätien, deren Grenze zunächst die Donau bildete. Der südliche Teil der Oberpfalz geriet damit unter unmittelbaren römischen Einfluss, der Norden dagegen gehörte zum Freien Germanien. Gegen Ende des 1. Jahrhunderts überschritten die Römer die Donau und errichteten den Limes als befestigte Grenzlinie mit zahlreichen Kastellen und Wachtürmen. Ohne große Störungen konnte sich in der römischen Provinz nun ein friedliches und blühendes Leben entwickeln, das gut 100 Jahre andauerte.

In den 70er-Jahren des 2. Jahrhunderts war es mit der Ruhe vorbei. Über die Cham-Further Senke und das Regental fielen plündernde Germanen vom Stamm der Markomannen in Rätien ein und zerstörten das etwa 80 n. Chr. bei Regensburg-Kumpfmühl erbaute römische Kastell, das vermutlich den Namen „Radaspona“ trug. Von den Zerstörungen betroffen war auch die militärisch besetzte Straßensiedlung von Mangolding-Herzogmühle südöstlich von Regensburg.

Um die Germanen zurückzudrängen, setzte Kaiser Marc Aurel eine während der Markomannenkriege (166–180/81 n. Chr.) neu ausgehobene Eliteeinheit, die 3. italische Legion, ein. Sie sollte in Zukunft die Provinz vor Einfällen aus Böhmen schützen und wurde deshalb auf Dauer in Rätien stationiert, und zwar an der Stelle, an der das Regental, der Hauptverbindungsweg nach Böhmen, in das Tal der Donau mündet. Nach der Gründungsinschrift wurde das neu angelegte Legionslager, das wohl zunächst „Reginum“ genannt wurde – vielleicht trug auch nur die Lagersiedlung diesen Namen und das Lager selbst hieß anfänglich einfach „Castra“ –, im Jahr 179

n. Chr. fertig gestellt. In der Spätantike hatte sich dann der Name „Castra Regina“, Festung am Regen, für das Regensburger Lager etabliert.

Zum Schutz der Naabmündung legte man in Regensburg-Großprüfening zusätzlich ein Kastell samt Lagerdorf an. Regensburg-Kumpfmühl wurde aufgegeben und die Ruinen nutzten die Menschen als Steinbruch.

Die Ankunft der 6000 Mann starken Truppe mit ihrem ganzen Tross brachte für das Regensburger Umland einen gewaltigen wirtschaftlichen Aufschwung. Die Infrastruktur verbesserte sich, vermehrte Bautätigkeit setzte ein und im Hinterland stieg die Anzahl der *villae rusticae* – häufig von Veteranen betriebene, zum Teil befestigte Gutshöfe –, die die Versorgung der Truppen mit Nahrungsmitteln sicherstellten, sprunghaft an. Lagersiedlungen mit oft beträchtlichen Ausmaßen entstanden, die, wie beim Regensburger Legionslager, beinahe städtischen Charakter hatten.

Seit der Mitte des 2. Jahrhunderts war es immer häufiger zu Unruhen durch Germaneneinfälle gekommen – zuerst durch Markomannen, im 3. Jahrhundert durch Alamannen und Juthungen. Sie saßen in den nordbayerischen Gebieten, die vorher die Hermunduren und, wie die ältere Forschung meinte, die von Tacitus erwähnten Naristen bewohnten. Heute vermutet man die Naristen eher in Nordostböhmen oder im Raum Oberösterreich, Oberpannonien.

Die Alamannen, sie setzten sich aus verschiedenen Volksgruppen vor allem des elbgermanischen Kulturkreises zusammen, kannten im Unterschied zu den Hermunduren, die mit den Römern friedlich Handel trieben, nur ein Ziel: die Ausplünderung der römischen Provinzen. Ab dem Jahr 233 wurde das Hinterland des Limes über Jahrzehnte hinweg verwüstet, die Kastelle am rätischen Limes zerstört, viele Siedlungen verödeten.

Um Regensburg wurden die meisten Gutshöfe verlassen, nur einige wenige unmittelbar im Umkreis des Legionslagers liegende *villae rusticae* bewirtschaftete man weiter. Dass dies keine kluge Entscheidung war, zeigen die Grauen erregenden Funde von Regensburg-Harting.

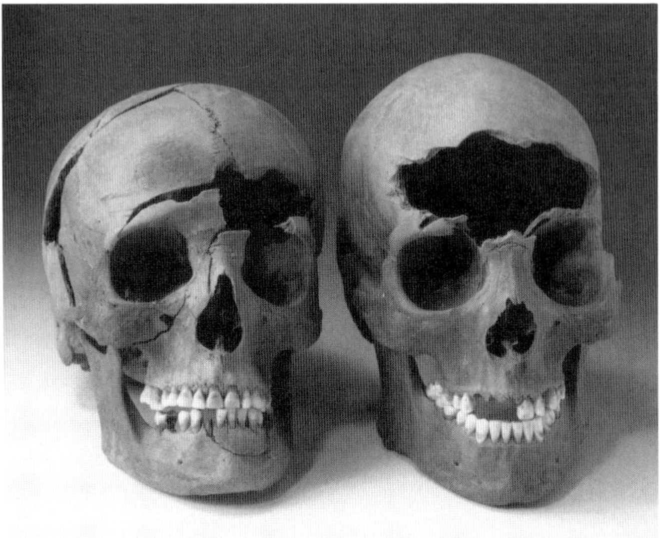

Bewohner einer spätrömischen *villa rustica* wurden Opfer eines alamannischen Überfalls. – Archäologisches Museum im BMW-Werk, Regensburg.

Massaker in Harting

In zwei Brunnen fand man unter zerstückelten Tierkadavern die Überreste von 14 Menschen. Allen Opfern war die Stirn mit einer Eisenstange oder einem ähnlichen Gegenstand eingeschlagen worden, auch wenn sie vorher schon tödliche Verletzungen erhalten hatten. Eine junge Frau war bereits ihren durch Schwerthiebe verursachten Kopfverletzungen erlegen, als man ihr die Stirn einschlug. Schnittspuren zeigen, dass sie skalpiert wurde. Ob dies vor oder nach ihrem Tod geschah, muss offen bleiben. Ihre Knochen wurden zertrümmert, sie wiesen Schnitt- und Hackspuren auf. Alle Opfer hatten ähnliche Verletzungen davongetragen, einige Schädel zeigten zudem Verbrennungen.
Die charakteristischen Verstümmelungen lassen eigentlich nur einen Schluss zu: Die Bewohner des Gutshofes, Männer, Frauen und Kinder, erlagen nicht einem für alamannische Überfälle typischen Gemetzel, sondern einem blutigen Menschenopfer, vielleicht sogar rituellem Kannibalismus.

Einer der schwersten Alamanneneinfälle führte schließlich 259/60 zum Zusammenbruch des Limes. Allerdings konnte sich das Regensburger Legionslager, das 233 von den Germanen niedergebrannt und anschließend in massiver Steinbauweise wieder aufgebaut worden war, weiter behaupten. Die Festung stand jedoch unter ständiger Bedrohung und wurde um 288 ein zweites Mal zerstört. Nach dem erneuten Wiederaufbau gaben die im Umland lebenden Zivilisten ihre Siedlung auf und zogen sich in den Schutz des Lagers zurück, das nun keine befestigte Großkaserne für 6000 Elitesoldaten mehr war, sondern eine Festungs„stadt" mit einer 1000 Mann starken militärischen Besatzung. Von etwa 100 *villae rusticae* existierte nicht einmal mehr ein Zehntel.

Langsam setzte die Erholungsphase ein, bis es im Jahr 357 mit der Ruhe wieder vorbei war. Der östliche Teilstamm der Alamannen, die in Nordbayern siedelnden Juthungen, fiel in Rätien ein und verwüstete das Gebiet. Archäologisch lässt sich nachweisen, dass das Regensburger Lager von den Germanen erobert und niedergebrannt wurde. Nach diesem Überfall lebten hier nur noch wenige Menschen. Ihre Siedlungsspuren konzentrieren sich auf die Nordostecke des Kastells.

Die Bevölkerung war so dezimiert, dass es auf dem flachen Land keine Siedlungen mehr gab. Die wenigen Menschen trieb die Angst in die befestigten Städte, von denen aus die lebensnotwendige Landwirtschaft betrieben wurde. Die römische Oberschicht hielt nun nichts mehr in dem verwüsteten Land, sie wanderte nach Italien ab.

Die jüngsten römischen Münzen, die man in Regensburg ausgrub, stammen aus dem Jahr 408 n. Chr. Daraus zu schließen, in diesem Jahr seien sämtliche Römer schlagartig abgezogen, ist sicher falsch. Da die Geldzufuhr endete, stagnierte der Geldumlauf und langsam setzte, wie in vorrömischer Zeit, wieder Tauschhandel ein. Die römische Staatsmacht versickerte allmählich, ein Vorgang, der lokal wohl völlig unterschiedlich ablief.

Rätien blieb römische Provinz bis 476, als der Germane Odoakar den letzten römischen Kaiser für abgesetzt erklärte und selbst den Thron bestieg. Spätestens jetzt lösten sich die

Grenztruppen auf und zogen ab. Die germanischen Söldner aber blieben in oder in der Umgebung ihrer Garnisonsorte und übernahmen sie in eigener Regie, bis sich neue politische Strukturen herausbilden konnten. So war auch das Gebiet des ehemaligen Legionslagers Castra Regina von Germanen geprägt, die sich hier nicht lange vor dem endgültigen Ende der römischen Herrschaft niedergelassen hatten. Die noch vorhandene romanische Restbevölkerung arrangierte sich mit den neuen Herren und behielt ihr römisches Erbe bei, das bis in das frühmittelalterliche Bayern tradiert wurde.

Über die Besiedlung der nördlichen Oberpfalz in der römischen Kaiserzeit ist wenig bekannt. Erst nach der Mitte des 3. Jahrhunderts scheint es zu längerfristigen Ansiedlungen von Germanen gekommen zu sein. Auf dem seit vorgeschichtlicher Zeit immer wieder besiedelten Hochplateau der Sulzbürg bei Neumarkt befand sich ein befestigter germanischer Adelssitz, eine Gauburg. Sie gehört zu einer Reihe weiterer Höhenfestungen, die sich vom Obermaintal den Jura- und Albrand entlang bis weit nach Südwestdeutschland hinein zogen. Die Anlage dieser Stützpunkte wurde vermutlich strategisch geplant. Ob sie einem weiteren Zweck als der Zuflucht und Verteidigung dienten, ist unklar.

Insgesamt scheinen die germanischen Siedler die westliche Oberpfalz bevorzugt zu haben. Von besonderer Bedeutung ist das alamannische Gräberfeld von Berching-Pollanten in Sichtweite der Sulzbürg. Doch nicht nur Alamannen dürften sich hier aufgehalten haben. Nach der Vita des Heiligen Severin von Eugippius plünderten um 470 Thüringer die Stadt Passau. Sie hatten ihr Einflussgebiet deutlich nach Süden verschoben, wie der Geograph von Ravenna schrieb. Nach seiner Kosmographie mündeten die Flüsse *Bac* (Naab) und *Reganus* (Regen) im Land der Thüringer in die Donau. Tatsächlich bleiben die räumliche Ausdehnung und die Intensität der Thüringer-Herrschaft im oberpfälzischen Raum unklar. Bedeutende Siedlungsaktivitäten hat es sicher nicht gegeben.

Siedlungsleer war das Land zwischen Donau und Fichtelgebirge also nicht, auch wenn der größte Teil des Landes vom „Nordwald" bedeckt war, der in einer Urkunde des Klosters

Metten als *eremus Nortwalt*, als menschenleerer Nordwald, bezeichnet wurde. Wirklich siedlungsfeindlich und damit auch siedlungsleer waren nur die Grenzgebirge nach Böhmen und die Höhenlagen des Steinwaldes und des Juras.

Leute aus Böhmen

Seit der Regierungszeit Mark Aurels (161–180) dienten immer mehr Germanen als Söldner im römischen Heer. Sie wurden zur Hauptstütze Roms im Kampf gegen ihre Stammesbrüder. Auch im Regensburger Legionslager verstärkten Freiwillige, wohl Alamannen und Juthungen aus dem Gebiet nördlich der Donau, die Grenzverteidigungstruppen. Irgendwann um 400 n. Chr. tauchten Germanen auf, die hier vorher nicht ansässig waren. Fassbar sind sie durch ihre Keramik, die im Gegensatz zu der auf der Töpferscheibe gedrehten römischen Ware ganz nach prähistorischer Weise frei von Hand geformt wurde.

Die Masse der Fundplätze dieser höchst typischen Keramik stammt aus der südlichen Oberpfalz, ihre westliche Verbreitungsgrenze liegt in Mittelfranken. Sucht man nach vergleichbaren Objekten, stößt man auf das böhmische Gräberfeld von Přešt'ovice und auf ähnliche Keramik im Elb-Saale-Gebiet sowie im Thüringer Raum.

Es spricht einiges dafür, dass die Gruppe von Přešt'ovice aus einer Vermischung alteingesessener markomannischer Bevölkerung mit neu eingewanderten Elbgermanen entstanden ist. Sie machte sich auf den Weg nach Westen und benützte dabei die Strecken, die schon seit der Steinzeit immer wieder von Leuten aus Böhmen genutzt wurden: zum einen die Cham-Further Senke, wo ganz in der Nähe von Cham, bei Altenmarkt, eine Siedlung von Germanen der Gruppe Friedenhain-Přešt'ovice – benannt nach den beiden großen Brandgräberfeldern nördlich von Straubing und in Südwestböhmen – entdeckt worden ist. Von hier führt der Weg über das Regental in Richtung Regensburg und über die Stallwanger Senke in das nördliche Vorland von Straubing, also genau in jene Gegend, wo das namengebende Gräberfeld liegt und eine ganze Reihe von Siedlungsspuren der böhmischen Germanen existieren. Zum anderen nutzten die Einwanderer die Verbindung über das Schwarzach- und Naabtal, um sich schließlich nördlich der Donau in oberpfälzischem Gebiet anzusiedeln.

Sie konnten dies nur in bestem Einvernehmen mit den Römern tun, die sie wohl rasch in ihr Grenzheer integrierten. Für ein friedliches Miteinander spricht schon die Tatsache, dass etliche offene Siedlungen nördlich der Donau im direkten Umgriff römischer Kastelle lagen. Wegen der Häufigkeit der den böhmischen Germanen zugeordneten Funde geht man heute davon aus, dass sie den größten Teil der römischen Truppen bis weit in das 5. Jahrhundert hinein stellten.

Ihre Keramik datiert vom Ende des 4. Jahrhunderts bis zum Anfang des 6. Jahrhunderts. Sie überdauert damit das Ende der römischen Besatzung und führt über die Völkerwanderungszeit bis ins frühe Mittelalter.

Ein geheimnisvoller Stamm: Die Bajuwaren

„Denn jenes Gebiet der [Schwaben] hat im Osten die Bayern, im Westen die Franken, im Süden die Burgunder, im Norden die Thüringer …“, notierte der Schriftsteller Jordanes im Jahr 551 und erwähnte damit zum ersten Mal einen geheimnisvollen Stamm, die baiovarii, die Bayern. Die rätselhaften baio-varii hielt man für „Männer aus dem Lande Baia“, und „Baia“ setzten Historiker mit Böhmen gleich. Dies führte zu der Theorie, ein geschlossener Stamm sei während des frühen 6. Jahrhunderts aus Böhmen eingewandert und hätte sich im ehemaligen Rätien niedergelassen. Damit hatten jedoch Archäologen größte Schwierigkeiten, denn die Funde in diesem Raum ließen keinen eindeutigen böhmischen Bezug zu, sondern liefen auf völlig unterschiedliche Komponenten hinaus. Das ergrabene Material ergab alamannische, fränkische, langobardische, ostgotische und auch böhmische Zusammenhänge. Dies konnte eigentlich nur eines bedeuten: Es ist niemals ein fertiger Stamm aus Böhmen eingewandert, sondern er hat sich erst an Ort und Stelle aus verschiedenen Ethnien gebildet.

Die älteste nachweisbare Gruppe dieses Konglomerats ist die von Friedenhain-Přešt'ovice, also echte „Männer aus Böhmen". Sie hielten als Nachfolger der Römer die Festung Regensburg, deren Bedeutung offenbar so weit ging, dass ihre Besatzer dominierend innerhalb des Zusammenschlusses von Kleinstämmen, Sippen, Siedlungsgemeinschaften und Volkssplittern wirken konnten. Ihr Name ging schließlich auf die neu entstandene inhomogene Gemeinschaft über. Ob dieser Zusammenschluss auf freiwilliger Entscheidung der Beteiligten beruhte oder ob das energische Eingreifen des Ostgoten Theoderich nachhalf, der an seiner Nordgrenze keine anarchischen Zustände mit rivalisierenden Kriegerhorden dulden wollte, wissen wir nicht. Jedenfalls kehrte mit der Stammesbildung der Bajuwaren und ihrer beginnenden „staatlichen" Organisation Ruhe im Land um die Donau ein.

Durch Zuzug von allen Seiten und bessere Lebensbedingungen stieg die Bevölkerungszahl rasch an. Die Menschen verließen die engen, zusehens verfallenden ehemaligen römischen Lager, die vorher als einzig möglicher Schutz das Überleben sicherten, endgültig. Eine Ausnahme bildete das massiv befestigte Regensburg. Hinter seinen Mauern richteten sich die neuen politischen Führer des Landes ein, die Agilolfinger.

Die Agilolfinger

Mitte des 6. Jahrhunderts berichtete der langobardische Geschichtsschreiber Paulus Diaconus von der Hochzeit Garibalds mit der langobardischen Königstochter Walderada. Diaconus bezeichnete Garibald, der für den Frankenkönig Chlothar „einer der Seinen" war, als Herrn über die Bajuwaren. Um die Mitte des 6. Jahrhunderts hatte sich also der Stamm der Bajuwaren so weit etabliert, dass der mächtige Franke Chlothar dessen Führer, Herzog Garibald I., mit einer Königstochter verheiratete. Garibald stammte aus dem Geschlecht der Agilolfinger, deren Herkunft nicht sicher geklärt werden konnte – am wahrscheinlichsten ist eine fränkische Abstammung.

Die fränkischen Merowinger hatten ihren Machtbereich immer weiter nach Osten ausgedehnt. Gegen Ende des 5. und zu Beginn des 6. Jahrhunderts schlugen sie die Alamannen in mehreren Kämpfen vernichtend und gliederten ihr Land dem Fränkischen Reich ein. Zwischen 529 und 534 erlitten die Thüringer dasselbe Schicksal. Die letzte große Etappe der fränkischen Expansion folgte 536, als der Ostgote Wittiges die Herrschaft über die nordalpinen Provinzen an die Franken abtrat. Drei Jahre später schrieb der fränkische König Theudebert I. an den oströmischen Kaiser Justinian I.: „Von den Gestaden des Ozeans bis zur Grenze Pannoniens entlang der Donau ist mit Gottes Hilfe unsere Herrschaft errichtet.“

Der Raum, den der Stamm der Bajuwaren besetzte, gehörte also zum Fränkischen Reich, und dies konnte eigentlich nichts anderes bedeuten, als dass Garibald I. oder ein namentlich nicht bekannter Vorgänger von den Frankenkönigen als Amtsherzog der Bajuwaren eingesetzt worden war. Es wäre sonst auch kaum erklärlich, dass Garibald um 590 auf fränkischen Druck von Tassilo I. abgelöst wurde und der letzte Agilolfinger-Herzog, Tassilo III., 788 wegen angeblich unterlassener Lehenspflicht und Landesverrats von Karl dem Großen seines Amtes enthoben und samt seiner Familie ins Kloster geschickt werden konnte – auch wenn die bayerischen Herzöge zeitweise durchaus als selbstständige Herrscher auftraten und Schwächeperioden des Frankenreichs auszunutzen verstanden.

Die neuen agilolfingischen Landesherren hatten das ehemalige Römerlager Castra Regina aus wirtschaftlichen und vor allem militärischen Gründen zu ihrem Herrschaftssitz gewählt. Bischof Arbeo von Freising sprach von eindrucksvollen Stadttürmen und einer so mächtigen Ummauerung, dass er „Radaspona“ für uneinnehmbar hielt. Regensburg bot die notwendige Sicherheit und wurde – trotz seiner peripheren Lage – zum Zentralort des agilolfingischen Bayern, das sich im Süden schließlich bis Bozen ausdehnte.

Frühes Christentum

Wann das Christentum im Regensburger Raum Fuß fasste, ist nicht genau zu sagen. Handel und Verkehr und nicht zuletzt Truppenversetzungen brachten sicher Christen bis in die nördlichen Provinzen Roms. Vor dem 3. Jahrhundert wird jedoch kaum mit einer größeren Anzahl zu rechnen sein. Viele Spuren haben die christlichen Romanen nicht hinterlassen. Das einzige unstrittige Zeugnis römerzeitlichen Christentums in Regensburg ist der Grabstein der „Sarmannina“ oder „Sarmannana“, der vermutlich aus dem 5. Jahrhundert stammt.

Nach dem Rückzug Roms haben im späteren bajuwarischen Siedlungsgebiet ohne Frage romanische Christen gelebt und ihren Kult beibehalten. Inwieweit deren Glaubensvorstellungen germanische Zuwanderer beeinflussen konnten, bleibt unklar.

Zur religiösen Ausrichtung der Bajuwaren ist literarisch nichts überliefert. Immerhin war ihr erster namentlich bekannter Herzog, Garibald I., katholisch, andernfalls hätte man ihn nicht mit der ehemaligen merowingischen Königin Walderada, die ohne Zweifel katholisch war, verheiratet. Beider Tochter Theodelinde heiratete den Langobardenkönig Authari und widmete sich ganz der Aufgabe, die heidnischen oder arianisch-christlichen Langobarden zum Katholizismus zu bekehren.

Ob sich die früh-bajuwarische Führungsschicht, die wohl getauft war, um eine kirchliche Organisation bemühte, ist ebenfalls unklar. Hofkaplane und Wanderpriester werden ihren seelsorgerischen Aufgaben am Herzogshof und beim Volk nachgekommen sein – vielleicht eher schlecht als recht, denn die langobardische Königin Theodelinde bat den Iren Columban, sich um die Mission in ihrer Heimat zu kümmern. Nach 615 sollen Schüler Columbans von Burgund aus nach Bayern gezogen sein, um Gottes Wort zu verkünden. Tatsächlich lässt sich archäologisch nachweisen, dass in der ersten Hälfte des 7. Jahrhunderts christliche Aktivitäten zunahmen.

Die Wirksamkeit der iro-fränkischen Mission ist schwer abzuschätzen, da sie keinen literarischen Niederschlag gefunden hat. Vermutlich war ihr Erfolg größer, als es dieses Schweigen vermuten lässt, denn als die drei fränkischen Missionare auftauchten, die als die eigentlichen Glaubensboten des bayerischen Raums gelten, Rupert, Emmeram und Korbinian, war das Land nach der Darstellung Arbeos von Freising weitgehend christlich, wenn auch noch manchen heidnischen Bräuchen verhaftet. Kirchen jedenfalls gab es bereits, wie das dem Heiligen Georg gewidmete Gotteshaus im Umfeld Regensburgs.

Der Heilige Emmeram

Die Nachrichten, die wir über Haimram-Emmeram besitzen, sind äußerst dürftig. Er kam um 680/90 oder später aus fränkischen Gebieten, vielleicht aus Poitiers, an den Hof Herzog Theodos nach Regensburg. Der Wanderbischof bemühte sich „drei Jahre ohne Unterlass" um das Seelenheil der Menschen, „indem er im Gebiet jenes Fürsten [Theodo] durch die größeren und kleineren Städte, die Dörfer und in die Häuser der Gläubigen hin und her zog. Mit größtem Eifer betrieb er die Seelsorge, pflanzte den einen den Samen des Glaubens in die Herzen und anderen schnitt er durch unnachsichtige Predigten die Sünden mit der Wurzel aus dem Leibe heraus", schrieb der Verfasser der Vita Emmerams, Arbeo von Freising. Da vertraute sich ihm Uta, die Tochter des Herzogs, an. Sie hatte eine Liebschaft und erwartete nun ein uneheliches Kind. Emmeram riet ihr, den Vater des Kindes nicht preiszugeben und ihn selbst für den Fehltritt verantwortlich zu machen. Als Uta nach Emmerams Abreise ihrem Vater die Geschichte offenbarte, sandte er wutentbrannt seinen Sohn Lantpert dem vermeintlich Flüchtenden nach. Lantpert holte ihn ein, verurteilte Emmeram in einem Schnellverfahren und bestrafte ihn grausam. Man band Emmeram auf eine Leiter und schnitt ihm bei lebendigem Leibe nach und nach die Körperteile ab. Als Herzog Theodo doch noch die Wahrheit erfuhr, ließ er den in Aschheim Beigesetzten exhumieren, nach Regensburg überführen und in der Kirche St. Georg zur letzten Ruhe betten.

Heiligenviten sind keine Biographien. Arbeo von Freising, der Emmerams Lebensbeschreibung um 765 verfasste, lieferte eine in Legenden und biblische Vorbilder verpackte Schilderung eines Idealheiligen, der selbstlos die Schuld anderer auf sich nimmt. Darüber hinaus könnte Arbeo politische Absichten mit seinem Werk verbunden haben: Der bayerische Herzog Tassilo III. versuchte mit Macht, sich der fränkischen Oberhoheit zu entziehen. Arbeo stand auf der Seite des fränkischen Königs Pippin und hatte damit allen Grund, ein anti-agilolfingisches Werk zu verbreiten. Die Sippe der Agilolfinger trug nun den Makel der Heiligenmörder. Damit wurde sowohl die religiöse als auch die politische Legitimation des bayerischen Herzogshauses in Frage gestellt.

Mit Emmeram und seinen Mitbrüdern hatte die zweite Phase der fränkischen Missionstätigkeit begonnen, die jedoch weniger Heiden galt als vielmehr dazu diente, die Seelsorge auf eine tragfähige Grundlage zu stellen und die langsam einsetzenden kirchlichen Gefüge zu festigen. Herzog Theodo, der als erster bayerischer Landesherr wirklich aktive Kirchenpolitik betrieb, setzte auf eine straffe Organisation, an deren Spitze ein Bischof stehen sollte. Er versuchte deshalb, Emmeram in Regensburg zu halten, und verweigerte ihm die Erlaubnis, zu den Awaren weiterzuziehen. Der gewaltsame Tod des Kirchenmannes war deshalb ein schwerer Schlag für Theodos Kirchenpolitik. Andere Wanderbischöfe ließen sich wegen der Bluttat nämlich kaum mehr dazu bewegen, im Land zu bleiben. So musste der Herzog befürchten, Bayern bliebe ohne kirchliche Organisation. Er reiste daher 715/16 nach Rom, um nun mit Hilfe des Papstes eine bayerische Landeskirche zu errichten. Das Unternehmen scheiterte jedoch, da Herzog Theodo kurz nach seiner Romreise verstarb.

Bistumsgründung und Klosterfrühling

Es dauerte gut zwanzig Jahre, bis die Pläne einer Bistumsorganisation in Bayern wieder aufgegriffen werden konnten. Wie Theodo ging es auch Herzog Odilo um die Unabhängigkeit seines Landes vom Frankenreich. Darum nahm er die alten Fäden nach Rom wieder auf und organisierte in engster Zusammenarbeit mit dem römischen Legaten für die germanischen Länder, dem Angelsachsen Winfried-Bonifatius, die erste Landeskirche rechts des Rheins – schon um das iro-fränkische Kirchenwesen zugunsten einer römisch geprägten Ordnung zurückzudrängen. Bonifatius weihte schließlich im Jahr 739 Gaubald zum ersten Bischof Regensburgs.

Nach der Schaffung der Bistumsorganisation erfuhr das christliche Leben einen großen Aufschwung. Überall erhielt die Kirche Schenkungen, wurden Gotteshäuser gebaut und Klöster gegründet, die nun der benediktinischen und nicht mehr der iro-schottischen Columbanregel folgten.

Zu den ersten Klöstern gehörte die am Grab des Märtyrers gegründete Zelle St. Emmeram. Längst hatten Wallfahrten zur Grabeskirche des als Heiliger verehrten Missionsbischofs einge-

Die Zelle Chammünster wurde im Auftrag Herzog Odilos von Bayern im 8. Jahrhundert als Missionsstützpunkt gegründet. Im Bild der spätromanische Taufstein.

setzt. Noch auf Herzog Odilo geht die Mönchszelle Chammünster in der Further Senke zurück, die ihr Gründer nicht von ungefähr dem Regensburger Bischofskloster St. Emmeram anvertraute. Lag doch Chammünster an der wichtigen Verbindungsstraße zwischen Bayern und Böhmen und wies so dem Regensburger Bistum den Weg zur Mission im slawischen Nachbarland.

Für die zahlreichen Klostergründungen gab es religiöse Motive, aber auch wirtschaftliche, wie die Urbarmachung des Landes, oder politische Gründe. Die Klöster waren, und das gilt besonders für die am Rande des Herzogtums errichteten Missionsklöster, zugleich wichtige Außenposten, um die bayerische Herrschaft zu sichern.

Bayern und Slawen in der Oberpfalz

Die Oberpfalz ist nur in geringen Teilen Altsiedelland: im Raum um Regensburg, im Unterlauf der Flüsse Naab und Regen und in der Cham-Further Senke. Der größte Teil des Landes war unbesiedelt, schon allein wegen des ausgedehnten unwegsamen Urwaldes, der das Land bedeckte. In dem als „Nordwald" bezeichneten Gebiet existierten allerdings vereinzelte, bevorzugt an Flussläufen angelegte Siedlungskammern. Hier lebten wohl ursprünglich keltische, durch verschiedene germanische Einflüsse überformte Siedler, die Wald-Feldbau betrieben und rodend immer tiefer in die Waldzone eindrangen.

Im 6./7. Jahrhundert gelangten allmählich aus dem Süden vordringende bajuwarische Kolonisten in das Land zwischen Naab und Regen. Zuerst wurden die Täler der Schwarzen Laber und der Altmühl mit ihren Nebenflüssen erschlossen. Eine breit angelegte Aufsiedlung der bewaldeten Hochflächen ohne ausreichende Wasserversorgung war allerdings noch nicht möglich. In einem frühen Vorstoß wurde das Albmassiv westlich umgangen und von dort aus in der 2. Hälfte des 7. Jahrhunderts ein bayerischer Stützpunkt bei Lauterhofen (Lkr. Neumarkt) eingerichtet, der wohl fränkische Machtbestrebungen im Zaum halten sollte.

Die nun einsetzenden schriftlichen Quellen berichten von einer langsam voranschreitenden Erschließung. Aus der Vita des hl. Wunibald wissen wir, dass ihm von Herzog Odilo ein Wohnsitz in der *regio Nordfiluse* zugewiesen wurde. Gemeint ist vielleicht das Gebiet um Vilshofen (Gem. Rieden, Lkr. Amberg-Sulzbach), das zum Mittelpunkt eines Herzogsgutkomplexes von besonderer kirchlicher und administrativer Bedeutung aufstieg. Um 750 erreichten die Altstraßen und Flussläufe nutzenden bajuwarischen Kolonisten schließlich die Gegend von Nabburg.

Eine Analyse der Ortsnamen ergänzt archäologische Befunde und zeigt die Siedlungsbereiche der Bajuwaren auf. -ing-Orte spiegeln die frühesten Vorstöße der Kolonisten wider. Sie erscheinen in großer Zahl südlich von Regensburg, im Regental bis zum Chamer Becken, in den Tälern von Naab, Laber und Altmühl und schließlich in der westlichen und mittleren Oberpfalz um Amberg bis in die Gegend von Nabburg.

In der nördlichen Oberpfalz, vom Naabtal ab der Pfreimd-Mündung aufwärts, fehlen dagegen alte -ing-Orte. Das gilt auch für Siedlungsnamen mit dem Grundwort -heim, die in ihren ältesten Schichten den -ing-Orten zeitlich nahestehen, genauso wie Ortsnamen mit den Grundworten -hofen oder -hausen.

Die bayerische Durchsiedlung vollzog sich sicher nicht lückenlos und flächendeckend – schon allein deshalb nicht, weil sich im Laufe des 7./8. Jahrhunderts Slawen hier niederließen. Gewässernamen wie Oschwitz, Tirschnitz oder Döllnitz belegen die Einwanderung slawischer Siedler aus böhmischen Gebieten. Sie gaben kleineren Gewässern Namen, denn die Bezeichnungen der größeren Flusssysteme existierten bereits und wurden von den Zuzüglern einfach übernommen. Slawische Namen treten im Raum von der böhmischen Grenze bis über das Naabbecken nach Westen und nördlich der Linie von Eschenbach bis Neustadt a. d. W. im ganzen nordoberpfälzischen Gebiet gehäuft auf. Die südliche Ausdehnung geht bis in den Raum Burglengenfeld und Kallmünz. Mittelpunkt dieser Siedlungskammer beiderseits der Naab dürfte Teublitz (Lkr. Schwandorf) gewesen sein, das nahe am Schnittpunkt der Süd-Nord- und West-Ost-Altstraßen lag.

Die in der westlichen Oberpfalz, besonders im Gebiet um Neumarkt und Parsberg, liegenden -winden-Orte, stehen in einer Reihe mit ober-, mittel- und auch unterfränkischen Siedlungen. Sie bezeichnen ursprünglich wohl von Wenden = Slawen gegründete Orte, die später in fränkische Abhängigkeit gerieten. Es kann sich aber auch um Neugründungen durch umgesiedelte Slawen, die in den fränkischen Grenzbereichen zu Zwangskolonisationsdiensten eingesetzt wurden, handeln. Bei Ortsnamen wie Reichertswinn (Stadt Velburg, Lkr. Neumarkt) ist der Name des jeweiligen Grundherren zu erkennen: bei den Wenden des Rihhart.

Aus dem 9. und 10. Jahrhundert existieren einige wenige schriftliche Quellen, die von slawischen Bewohnern der Oberpfalz berichten. Zu ihnen gehören die „Naabwinden", die an der mittleren oder oberen Naab siedelten. Wir erfahren, dass bei Pösing (Lkr. Cham) freie Slawen auf Gütern lebten, die König Arnulf der Kirche in Roding schenkte, und dass der Slawe Gruonkin Besitzer einer Hube (Ackerland) an der Luhe war. Ab dem 11. Jahrhundert verschwinden dann die Belege für Slawen in der Oberpfalz. Der Assimilierungsprozess hatte eingesetzt. Sie waren nun bajuwarisiert, ihre Sprache wurde verdrängt und die einst slawischen Ortsnamen in die lokale Sprache übernommen.

Die Oberpfalz wird fränkisch

Die herrschaftliche Struktur des Landes nördlich der Donau liegt für die Zeit vor dem 8. Jahrhundert im Dunkeln. Immerhin wissen wir, dass seit Mitte des 7. Jahrhunderts am Flüsschen Lauterach ein Stützpunkt der Agilolfinger Herzöge bestand. Die Frage, wie weit sie hier ihre herrschaftlichen Ansprüche realisieren konnten, muss allerdings offen bleiben.

Der Raum um Lauterhofen (Lkr. Neumarkt) gehörte zum Urnordgau, einem Gebiet, das im Süden bis Ingolstadt reichte und siedlungsgeschichtlich und politisch Bayern zuzurechnen war. Als Herzog Odilo 743 eine Niederlage gegen die fränkischen Hausmeier erlitt, musste er den Nordgau an die Franken abtreten, die in Lauterhofen neben der bayerischen Siedlung eine dem Heiligen Martin, dem fränkischen Nationalheiligen, geweihte Kirche und einen Herrenhof errichteten.

Vor 788 wurde Herzog Tassilo III. wieder mit dem Königshof *Lutrahahof*-Lauterhofen belehnt, den er, wie sein gesamtes Herrschaftsgebiet, jedoch 788 an die Franken verlor. „Mit Hilfe Gottes … haben wir den bayerischen Dukat (Herzogtum), den vor einiger Zeit die Bösewichter Odilo und Tassilo unter Verletzung ihrer Treuepflicht dem Königreich der Franken entrissen und entfremdet hatten, wieder unserer Herrschaft unterworfen“, teilte Karl der Große mit, der im Oktober 788 „nach der Absetzung Tassilos persönlich nach Regensburg kam und dort die Grenzen oder Marken“ gegen die im Osten seines Reiches sitzenden Awaren festlegte. Damit war die herzogliche Position beseitigt, vom König eingesetzte Grafen und Präfekten verwalteten nun das Land.

Bayern fand sich jetzt unversehens im Rang einer Provinz an der Peripherie des fränkischen Reiches wieder. Inwieweit dies auch für den Nordgau zutraf, ist unklar. Für außerbayerische Zeitzeugen galt das Gebiet jedenfalls als zu Bayern gehörig. Ausdrücklich als Teil Bayerns wurde der Nordgau in Karls Reichsteilungsvertrag des Jahres 806 bezeichnet. Der westliche Teil des Nordgaus, also die Zone Lauterhofen-Ingolstadt, nahm offensichtlich eine Sonderstellung ein, die sich verkehrsgeographisch und strategisch erklären lässt. Lauterhofen lag in der fränkisch-bayerischen Übergangszone am wichtigen Verkehrsweg vom fränkischen Nordwesten – Hallstadt-Forchheim – über Regensburg in den slawisch-awarischen Südosten, auf den sich die Politik Karls des Großen zunehmend konzentriert hatte.

Im August 791 war Karl in Regensburg eingezogen und bis zum Herbst 793 geblieben. An keinem anderen Ort seines Reiches hielt er sich jemals so lange ohne Unterbrechung auf. Von hier aus leitete der König die Feldzüge, die der Donau folgend weit ins Awarengebiet vorstießen.

Die böhmischen Slawen, die schon den Merowingerkönigen größte Probleme bereitet hatten, wurden ebenfalls Ziel fränkischer Expansionspolitik. Um den Warenaustausch, vor allem den Waffenhandel, mit den Slawen zu unterbinden, bestimmte

Karl der Große eine Reihe von Handels- und Stapelplätzen im östlichen Grenzraum des Frankenreichs als Kontrollstationen des grenzüberschreitenden Verkehrs. Zu ihnen gehörte in der Oberpfalz neben Regensburg der fränkische Königshof *Breemberga*-Premberg (Stadt Teublitz, Lkr. Schwandorf) nördlich von Burglengenfeld. An Premberg führte die wichtige Süd-Nord-Altstraße von Regensburg nach Schwarzenfeld, Nabburg, Weiden und Eger vorbei, die hier auf die West-Ost-Fernstraße von Hallstadt bei Bamberg nach Forchheim, Hersbruck, Lauterhofen und Schmidmühlen und auch auf die Naab traf, die als Wasserstraße große Bedeutung hatte. Jenseits der Naab führte die Transitstraße weiter und fand in Bruck Anschluss an den alten Handelsweg von Regensburg über Kürn, Nittenau, Roding, Cham und Furth im Wald nach Böhmen.

Die Verwaltung des Gebiets hatte Graf Audulf übernommen, der wie sein Vorgänger, Karls Schwager Gerold, zur obersten Schicht fränkischer Herrschaftsträger nach der Ausschaltung des Agilolfinger-Herzogs Tassilo III. gehörte. Die frühen karolingerzeitlichen Quellen lassen jedoch kaum Schlüsse auf das Wirken der fränkischen Adeligen im Nordgau zu. Genauso fehlen Nachrichten über die Organisation im südöstlichen Teil der Oberpfalz, der nicht zum Nordgau, sondern zu Bayern gehörte.

Regensburg behielt im 9. Jahrhundert seine dominante Position, auch wenn in kirchlicher Hinsicht Salzburg als Sitz des bayerischen Metropoliten der Donaustadt seit 799 den Rang ablief. Unter Ludwig dem Deutschen, Enkel Karls des Großen, der im Südosten des Reiches für stabile Verhältnisse sorgen sollte, wurde die Stadt zum Zentrum der Königsherrschaft in Ostfranken. Nach dem Vorbild des Aachener Marienstifts errichtete Ludwig vor 850 die Alte Kapelle als seine Pfalzkapelle und baute zur gleichen Zeit eine große Königspfalz, die zur Verwaltungszentrale eines großen Königsgutsbezirks im Regensburger Umland wurde.

Die Stadt war nicht nur für den Politiker – nach Regensburg und Frankfurt a. M. berief Ludwig die meisten Reichsversammlungen ein –, sondern auch für den Privatmann der wichtigste Aufenthaltsort, denn hier lebte seine Familie. Ludwigs Gemahlin Hemma gilt als Begründerin des Damenstifts Obermünster.

Zudem banden ihn ideelle Vorstellungen an seine Hauptstadt, die er in seinen Urkunden als *civitas regia*, als königliche Stadt, titulierte. Dem Regensburger Emmeramskult räumte er besondere Bedeutung für sein Königtum ein. Er und auch sein Sohn Karlmann ließen ihre Vasallen den Treueeid über den Reliquien des Heiligen schwören, sie führten seine Gebeine auf ihren Feldzügen in Böhmen und Mähren mit und der König pilgerte in den Bittwochen barfuß von der Pfalz zum Grab Emmerams. Der Heilige war offenbar zum Patron des Königshauses aufgestiegen und sein Kloster, wo Königin Hemma ihre letzte Ruhestätte fand, sollte zum geistigen Mittelpunkt des ostfränkischen Königtums werden.

Luitpoldinger und Schweinfurter

In der letzten Phase des ostfränkischen Karolingerreiches stieg eine Sippe zur führenden Familie der fränkischen Reichsaristokratie auf und erreicht im 10. Jahrhundert zeitweise eine königsgleiche Stellung: die Luitpoldinger.

Die Nachfolger Graf Audulfs standen in engster Beziehung zu den fränkischen Herrschern bis hin zu Graf Engildeo, der jedoch 895 bei König Arnulf von Kärnten in Ungnade fiel und durch Luitpold, den Namensgeber des Geschlechts der Luitpoldinger, ersetzt wurde.

Luitpold war Markgraf in Karantanien und Oberpannonien (Österreich/Ungarn). Durch die Übernahme der Grafschaften im Nord- und Donaugau konnte er seine führende Stellung weiter ausbauen, von der auch die Aufgaben zeugen, die ihm die karolingischen Herrscher übertrugen. Er war in diplomatischer Mission in Mähren unterwegs und organisierte die Abwehr der Ungarngefahr.

Während der Herrschaft Luitpolds und seines Sohnes Arnulf des Bösen, der die Amtsbefugnisse seines Vaters aus eigener Machtvollkommenheit in beinahe königsgleicher Stellung übernahm, gelang eine kontinuierliche Ausweitung des Nordgaus, der schließlich bis zur Pegnitz im Norden und bis zur Luhe im Osten reichte.

König Otto I. konnte die sich stetig erweiternde Machtfülle der Luitpoldinger schließlich nicht mehr hinnehmen. Um deren fast übermächtige Stellung nördlich der Donau zu beschneiden, entzog er ihnen 938/939 den Nordgau sowie das luitpoldingische Eigengut in Ammerthal bei Amberg und übertrug alles Berthold, dem ersten namentlich bekannten Grafen von Schweinfurt. Berthold hatte bereits die Grafschaft im Volkfeld- und im Radenzgau erhalten und beherrschte damit ein Gebiet, das von Kitzingen bis zum Fichtelgebirge und im Süden bis an die Donau reichte.

Der Nordgau blieb zwar weiterhin Bestandteil des Herzogtums Bayern, er war aber doch der unmittelbaren Herrschaft des Herzogs entzogen und mehr an König und Reich als an Bayern gebunden. Im Auftrag und in Stellvertretung des Königs verwaltete und ordnete Berthold diesen Großraum in einer fast herzoglichen Position, die auf seinen Sohn Heinrich/Hezilo überging.

Der Schweinfurter hatte jedoch nicht die Absicht, sich mit einer nur herzogsähnlichen Stellung abzufinden. Er wollte mehr und unterstützte deshalb den bayerischen Herzog Heinrich IV. bei seinen Bemühungen, deutscher König zu werden. Heinrich hatte seinem Namensvetter das Herzogtum Bayern versprochen, falls er zum König gewählt würde. Daran gedacht, dieses Versprechen zu halten, hat Heinrich von Bayern allerdings nicht, denn damit hätte sich der ohnehin schon riesige Machtkomplex des Schweinfurters bis nach Südtirol ausgedehnt. Einen solch übermächtigen Rivalen konnte sich der Bayer nicht ins Nest setzen. Als er sein Ziel erreicht hatte und am 7. Juni 1002 als Heinrich II. zum König gewählt und gekrönt wurde, vergaß er kurzerhand alle dem Schweinfurter gegebenen Zusagen.

Hezilo wartete bis zum Sommer 1003. Als Heinrich II. seinen mehrfach vorgetragenen Forderungen nach der bayerischen Herzogswürde nicht nachkam, verbündete sich der Schweinfurter mit dem polnischen Herzog Boleslaw Chrobry und weiteren Gegnern des Königs, um eine militärische Lösung des Konflikts herbeizuführen. Der Aufstand wurde blutig niedergeschlagen. Hezilo verlor seine drei Grafschaften und alle vom Reich empfangenen Ämter und Lehen.

Heinrich II. teilte nun die Großgrafschaft auf dem Nordgau in mehrere gräfliche Amtssprengel auf, mit deren Verleihung er gezielt den Aufstieg einzelner königstreuer Adeliger oder Adelsfamilien förderte.

Ende 1004 begnadigte Heinrich II. den Schweinfurter und setzte ihn wohl wieder als Grafen im Nordgau, zumindest im Cham-Nabburger Raum, ein. Ab 1009 ist Hezilo jedenfalls in seiner alten Funktion urkundlich nachweisbar.

Das Rückgrat der Herrschaft der Schweinfurter bildeten Burgen. Zumeist an wichtigen Verkehrswegen gelegen und zu militärischen Bollwerken ausgebaut waren sie die zentralen Plätze, von denen aus die Grafen das umliegende Gebiet verwalteten und herrschaftlich erfassten – mit ihnen stand und fiel die Macht der Adelssippe.

Auf heute oberpfälzischem Gebiet gehörten mindestens zwei der Schweinfurter Burgen zum Besitz des Reiches, nämlich Nabburg und Cham. Die beiden Reichsburgen waren politische Stützpunkte im Grenzgebiet zu Böhmen und lagen im Herrschaftsbereich des bayerischen Herzogs. Mit einer Fläche von sieben Hektar zählte die im frühen 10. Jahrhundert erbaute Nabburg zu den größten Wehranlagen im ostfränkischen Raum. Sie diente der gräflichen Familie zeitweise als Wohnsitz. Hezilos zweiter Sohn Burchard wurde hier geboren.

Zu den für das Reich verwalteten Burgen gehörte wohl auch die Burg Sulzbach, die der Archäologe Matthias Hensch für den Amtssitz der Nordgaugrafen hält. Von 939 bis zur Zerstörung der Burg bei den Auseinandersetzungen mit Heinrich II. im Jahr 1003 residierten hier die Grafen von Schweinfurt als königliche Statthalter und adelige Herrschaftsträger.

Die Schweinfurter verwalteten nicht nur Reichsburgen, sondern verfügten auch über eine beträchtliche Zahl von Eigenburgen, darunter die Burg *Amardela*-Ammerthal, südlich von Sulzbach. Hier hatten die Grafen einen schon vorhandenen frühmittelalterlichen Komplex erneuern und zu einer ausgedehnten Befestigungsanlage ausbauen lassen, die Heinrich II. in der „Schweinfurter Fehde“ schleifen ließ.

Spätestens ab der Mitte des 10. Jahrhunderts trieben die Grafen von Schweinfurt die Siedlungserschließung des ostfrän-

Auf dem Gebiet des heutigen Pflegschlosses stand die Reichsburg Nabburg, eine der größten Wehranlagen des ostfränkischen Reiches.

kisch-nordbayerischen Raums energisch voran, in der Oberpfalz im Besonderen im mittleren und nördlichen Teil des Naab-Wondreb-Gebietes. Durch Rodung und Landesausbau erweiterten sie systematisch ihre Besitzzentren und konnten durch das Fehlen konkurrierender Herrschaftsträger bis zum frühen 11. Jahrhundert ortsansässige Adels- und Edelfreiengeschlechter, slawische Grundherren und Neusiedler in ihre Gefolgschaft einbinden.

Um ein dem König und dem Reich ergebenes Gegengewicht gegen die expansionsfreudigen Schweinfurter zu schaffen, stattete Heinrich II. sein Ende 1007 geschaffenes Bistum Bamberg mit reichen Besitz- und Rechtstiteln im Raum nördlich der Donau aus. Dazu gehörten Beilngries, Machendorf, Hohenschambach (Lkr. Neumarkt), Kemnath (Lkr. Tirschenreuth), Schwarzenfeld, Neunburg v. W. und Nittenau (Lkr. Schwandorf). Er wandte sich damit auch gegen die Position des bayerischen Herzogs, dessen Hauptort Regensburg durch die Bamberger

Besitzungen geradezu eingeschlossen wurde. Zumeist an wichtigen Verkehrswegen gelegen umspannte der vom König verliehene Besitz der Bamberger Kirche fast den gesamten Norden und Nordosten Bayerns wie ein Netz.

Dass die Schweinfurter trotz der Erhebung Hezilos in Ostfranken nicht an Bedeutung verloren hatten, zeigt der Aufstieg seines Sohnes und Nachfolgers Otto. Er wurde Graf in den zentralen Teilen des Nordgaus, Markgraf in der 1040 gegründeten böhmischen Mark und stieg zum Herzog von Schwaben und damit zu einem der führenden Männer im Reich auf.

Nach Ottos Tod 1057 wurde sein umfangreicher Besitz jedoch zerschlagen, denn er starb ohne männliche Nachkommen. Der Versuch, ein eigenständiges Herzogtum unter Schweinfurter Herrschaft zu errichten, war endgültig gescheitert.

Schrazellöcher

Das hochdeutsche Wort für die im Volksmund als Schrazellöcher (Schrazel = Zwerg, kleines Wesen) bezeichneten unterirdischen Gangsysteme ist Erdställe. Sie bestehen aus kleinen, höhlenartigen Kammern, die durch enge, ja engste Gänge und Schlupflöcher miteinander verbunden sind. Sie durchziehen Kirchberge, Friedhöfe und den Untergrund alter Siedlungsplätze wie ein Labyrinth. Keiner der Erdställe gleicht dem anderen und dennoch scheinen sie alle nach einem gemeinsamen Prinzip erbaut worden zu sein. Ihre Datierung ist äußerst schwierig. Im Erdstall Höcherlmühle (Gde. Teunz, Lkr. Schwandorf), der 2002 entdeckt wurde, als sich ein Loch auf einer Wiese auftat, fand man Holzkohlenreste, die wohl aus der Zeit um 1000 n. Chr. stammen. Die ebenfalls mit der C14-Methode untersuchte Holzkohle aus dem Erdstall Trebersdorf (Gde. Traitsching, Lkr. Cham) stammt etwa aus derselben Zeit. Wann die Gangsysteme gebaut wurden, ist damit jedoch nicht geklärt. Ab dem 12. Jahrhundert wurden die Erdställe dann verschüttet.

Warum die Menschen keine Mühe scheuten, diese unterirdischen, völlig irrational angelegten Gänge und Kammern zu graben, ist bis heute ein Rätsel. Allein wegen des Sauerstoffmangels war ein mehrtägiger Aufenthalt in den Anlagen kaum möglich. Man hielt die Systeme für Kulthöhlen, für Leergräber, in denen sich die See-

len der Ahnen versammeln konnten, für kurzzeitige Zufluchtsstätten oder einfach für Verstecke, in denen Wertvolles deponiert wurde. Für keine dieser Vermutungen gibt es wirkliche Anhaltspunkte.
In Deutschland liegt das Hauptverbreitungsgebiet der Erdställe in Bayern und hier besonders in der Oberpfalz. Vor allem im Landkreis Cham findet sich eine Vielzahl dieser merkwürdigen unterirdischen Anlagen.

Burgen, Grafen, Klöster

Die Oberpfalz ist ein Land der Burgen. Ende des Hochmittelalters existierten allein auf dem Gebiet der späteren Oberen Pfalz, das etwa zwei Drittel des heutigen oberpfälzischen Gebietes umfasste, über 160 Burganlagen. Diese ungewöhnliche Anzahl von Wehranlagen ist zum einen auf die nun wachsende Zahl gegensätzlicher und miteinander konkurrierender Dynastengeschlechter zurückzuführen und zum anderen auf die Lage der Oberpfalz als Grenzland, das über ein gut funktionierendes Verteidigungssystem verfügen musste.

Noch zur Hoch-Zeit der Grafen von Schweinfurt, die auf den bedeutenden Reichsburgen Cham und Nabburg saßen und mit der Burg Sulzbach eines der politischen Zentren des Nordgaus besaßen, hatte sich ein weiteres Adelsgeschlecht etablieren können, das den Südosten der heutigen Oberpfalz dominierte, die Burggrafen von Regensburg.

Die Burggrafschaft war eines der wichtigsten Reichsämter in Bayern und machte ihren Inhaber zum führenden Amtsträger in Zeiten starken königlichen Einflusses. Er war militärischer Kommandant der Festung Regensburg, verfügte über sämtliche richterlichen und administrativen Befugnisse und war darüber hinaus mit den gräflichen Rechten innerhalb der Stadt und in ihrem unmittelbaren Umland ausgestattet, denn Graf Papo I., dem um 985 das Amt des Burggrafen übertragen wurde, war auch Graf im westlichen Donaugau. Burggrafen- und Grafenamt blieben in der Familie der Babonen bis zu ihrem Erlöschen in männlicher Linie im Jahr 1196.

Ein Besitzschwerpunkt der Babonen lag im Regental. Hier errichtete Burggraf Otto I. um 1130 das Augustiner-Chorherrenstift Walderbach als Hauskloster der Babonen. Ottos Söhne teilten ihr Erbe und schufen so die burggräfliche und die landgräfliche Linie. Die Burggrafen erhielten die Rechte in Regensburg, die Vogtei über die Regensburger Klöster St. Emmeram und Prüfening und die gräflichen Rechte an der Donau um Regensburg.

Die landgräfliche Linie erhielt die Grafschaft, die sich nördlich und östlich von Regensburg erstreckte und weite Teile der heutigen Oberpfalz umfasste. Benannt wurden die Landgrafen nach der Burg Stefling, deren Umfeld das Kerngebiet der Landgrafschaft bildete.

Als der letzte Landgraf von Stefling, Otto IV., 1196 ohne männlichen Erben starb, gingen die gräflichen Funktionen an die Grafen von Leuchtenberg, die zu Beginn des 12. Jahrhunderts erstmals in einer Stiftungsurkunde aufgetaucht waren. Der Steflinger Hausbesitz fiel auf dem Erbweg den großen Gewinnern des Aussterbens vieler süddeutscher hochmittelalterlicher Adelsgeschlechter, den Wittelsbachern, zu.

Wenige Jahre vorher, 1188, war eine andere bedeutende Adelsfamilie ausgestorben, deren Erbe schlussendlich ebenfalls an die Wittelsbacher ging, die Grafen von Sulzbach. Sie waren eines der dominierenden Geschlechter des Nordgaus nach dem Aussterben der Grafen von Schweinfurt 1057. Durch königliche und kirchliche Lehen wurde ihr Herrschaftsgebiet sehr schnell zu einem weit ausgreifenden Komplex. Ihre Besitzungen gruppierten sich um die Burgen Sulzbach, Kastl und Habsberg und zogen sich bis nach Flossenbürg und Parkstein. Gebiete um Auerbach und Vilseck, die bis 1016 zum Bistum Bamberg gekommen waren, standen unter der Vogtei der Sulzbacher Grafen, genauso wie Güter in Regensburg. Ihr Hauskloster wurde das von Graf Berengar II. um 1102/03 gegründete Hirsauer Reformkloster Kastl.

Die Grafen von Sulzbach gehörten zu den bedeutendsten Familien des salischen und frühstaufischen Reiches. Berengar II. war maßgeblich am Sturz Heinrichs IV. und der Einsetzung Heinrichs V. beteiligt, zu dessen wichtigstem Berater er aufstieg.

Eine Sulzbacherin in Konstantinopel

Bertha wurde vor 1126 auf der Burg Sulzbach geboren. Sie war die Tochter Graf Berengars II. von Sulzbach, einem der einflussreichsten Männer im Reich, der beste Beziehungen zum Hof unterhielt. Dies schlug sich auch in der Heiratspolitik des Grafenhauses nieder. Berthas Schwester Gertrud wurde als Gemahlin Konrads III. deutsche Königin, eine weitere Schwester, Luitgart, war Herzogin von Niederlothringen. Der Bruder Gebhard vermählte sich mit der bayerischen Herzogstochter Mathilde.

Als eine byzantinische Gesandtschaft des Kaisers Johannes II. Komnenos 1140 zur Bekräftigung eines Freundschaftsbündnisses mit den Staufern die Vermählung eines der kaiserlichen Söhne mit einer „jungen Frau königlichen Blutes" vorschlug, bot Konrad III. Bertha als Heiratskandidatin an. Die Vermählung mit Manuel I. Komnenos fand im Januar 1146 in Konstantinopel statt. Bertha von Sulzbach wurde Kaiserin von Ostrom und trug nun den Namen Eirene. Mit ihren staufischen und sulzbachischen Verwandten blieb die „tugendhafte Fürstin" auch nach ihrer Eheschließung in engster Verbindung.

Die „Kaiserin von großer Seelenschönheit", die mit Hildegard von Bingen in Verbindung stand, starb schon im Jahr 1160. Ihr Tod wurde am byzantinischen Hof mit großer Bestürzung aufgenommen. Der trauernde Kaiser „brüllte auf im Schmerz wie ein Löwe". Bertha-Eirene fand an der Seite ihrer Schwiegereltern in der Grablege der Komnenen, dem Pantokratorkloster in Konstantinopel, ihre letzte Ruhestätte.

Zum Verwandtenkreis der Sulzbacher Grafen gehörte die im 12. und frühen 13. Jahrhundert belegte Sippe der Grafen von Velburg, die im Oberpfälzer Jura ebenfalls Bamberger Vogteigüter besaßen. Auf dem Erbweg ging ihr Besitz 1217 an die Wittelsbacher, genauso wie der größte Teil der Güter der Herren von Hopfenohe, die auch Waldeck bei Kemnath, Gebiete um Amberg, die Burg Lengenfeld an der Naab und einen größeren Komplex um Pettendorf bei Regensburg besaßen. Otto IV. von Wittelsbach gründete zusammen mit Bischof Otto I. von Bamberg 1121 das Kloster Ensdorf an der Vils und erfüllte damit den letzten Wunsch seines Schwiegervaters

Kloster Reichenbach wurde als Hauskloster der Diepoldinger gegründet. Die Mönche rodeten und kolonisierten entlang des Regens. – Stahlstich von Poppel/Würthle, um 1850.

Friedrich III. von Pettendorf-Lengenfeld-Hopfenohe nach einer Familiengrablege.

Um die Mitte des 11. Jahrhunderts hatte Kaiser Heinrich III. die Markgrafschaft Cham errichtet. Sein Nachfolger Heinrich IV. baute sie als Bollwerk gegen die böhmische Bedrohung aus und ließ Ministerialburgen um die zentrale Reichsburg Cham anlegen. Das markgräfliche Amt übernahmen 1077 die Diepoldinger, die um 1100 auch die Mark Nabburg als Reichslehen erhielten. Ihre Ministerialen saßen nun auf den Burgen in der Chamer Senke und betätigten sich als Rodungs- und Siedlungsunternehmer im nördlichen Nordgau.

Diepold III. gründete die Hausklöster Reichenbach am Regen (1118) und Waldsassen (um 1133). Sie konnten von der Landeserschließung durch die diepoldingischen Dienstleute profitieren und rodeten und kolonisierten selbst. Das Kloster

Waldsassen, das 1147 durch ein Privileg König Konrads III. reichsunmittelbar wurde, kultivierte vor allem das Land in der Naab-Wondreb-Senke, das spätere Stiftland, und erlangte bald Macht und Bedeutung, die bis nach Böhmen ausstrahlten.

Mit dem Tod Diepolds III. 1146 begann der Niedergang der mächtigen Sippe. König Konrad III. zog weite Gebiete des Diepoldinger-Besitzes ein und nutzte ihn zum Aufbau des „Stauferlandes" zwischen den Reichsburgen Nürnberg und Eger. Die Diepoldinger mussten ihren Machtbereich nun auf das Chamer Becken beschränken.

Aber auch dieses Adelsgeschlecht starb aus. Zuerst die Chamer Linie, die mit Markgraf Berthold II. 1204 endete, dann 1258 die jüngere Linie. Erben waren in beiden Fällen wieder die Wittelsbacher, die seit 1180 den bayerischen Herzogstitel trugen.

Die Wittelsbacher in der Oberpfalz

Seit der ersten Hälfte des 12. Jahrhunderts war es den Wittelsbachern gelungen, ihren Einfluss- und Besitzbereich bis in die mittlere Oberpfalz auszudehnen. Den größten Macht- und Besitzzuwachs im Land nördlich der Donau gewannen die bayerischen Herzöge aber durch den Niedergang der Staufer. Schon 1251 hatte König Konrad IV. die Reichsburgen Floß und Parkstein an Herzog Otto II. von Bayern verpfändet. Konrads Sohn Konradin, der letzte Staufer, setzte dann die wittelsbachischen Brüder seiner Mutter als Erben ein. Im Jahr 1269 fielen Floß, Parkstein (Lkr. Neustadt/Waldnaab), Weiden und Adelburg (Lkr. Neumarkt) an Heinrich XIII., Herzog von Niederbayern, und Amberg, die Vogtei Vilseck, Auerbach, Neuhaus, Neumarkt und Berngau (Lkr. Neumarkt) an Ludwig II., Herzog von Oberbayern. Mit der Übernahme der „Konradinischen Schenkung" gelang den Wittelsbachern der entscheidende Durchbruch zur Gewinnung der Herrschaft in der nördlichen Oberpfalz.

Was die bayerischen Herzöge nicht erbten, kauften sie. Besonders bedeutend war der Erwerb großer Teile des Besitztums

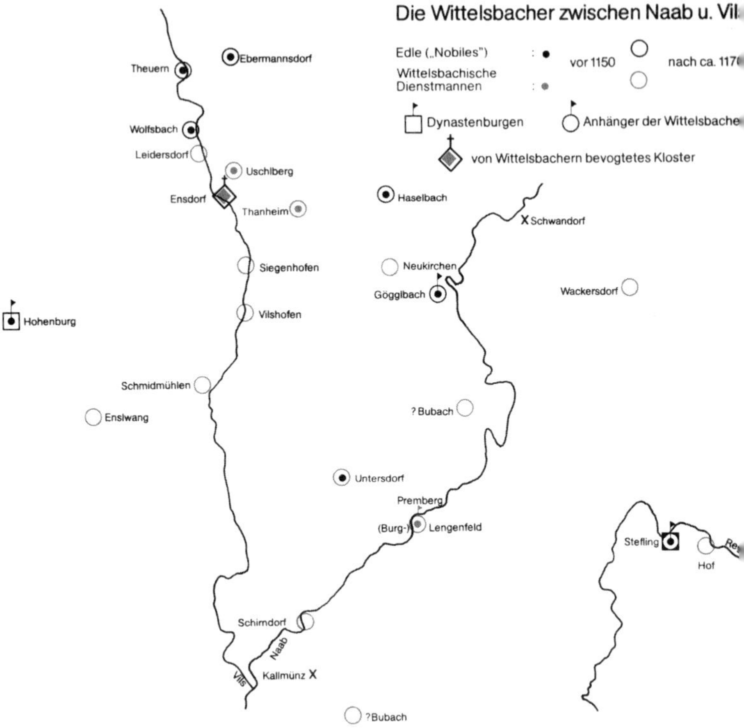

Die bayerischen Wittelsbacher dehnten ab dem 12. Jahrhundert ihren Einflussbereich bis in die mittlere Oberpfalz aus.

der Herren von Altendorf (Lkr. Schwandorf) Ende der 60er-Jahre des 13. Jahrhunderts. Ein Teil des umfangreichen Altendorfer Gebietes war seit der ersten Hälfte des 13. Jahrhunderts in den Händen der Grafen Ortenburg-Murach und von Truhendingen. Von ihnen kaufte Herzog Ludwig II. die Herrschaften Neunburg v. W. und Neustadt a. d. Waldnaab-Altenstadt. Um die gleiche Zeit erwarben die Wittelsbacher den Besitz der Herren von Stör, Störnstein (Lkr. Neustadt/Waldnaab), und 1271/72 die Ortenburg-Muracher Güter um Schwandorf, Nabburg, Lengenfeld, Amberg und Hirschau.

Ein weiterer wichtiger Kauf gelang Herzog Ludwig II. 1282. Er übernahm Landgerichts- und Geleitrechte aus dem Erbe der Steflinger Landgrafen von den Leuchtenbergern, die um diese Zeit auch einen großen Besitzkomplex um Waldeck (Lkr. Tirschenreuth) an die Wittelsbacher veräußerten.

Den krönenden Abschluss der wittelsbachischen Erwerbungen auf dem Nordgau bildete das Erbe der Grafen von Hirschberg 1305. Der Löwenanteil ging zwar an den Eichstätter Bischof, aber den Wittelsbachern blieben Sulzbach, Werdenstein (Lkr. Amberg-Sulzbach), Ammerthal, Hirschau und Lauterhofen, dazu Rosenberg und Hemau mit dem Forst Tangrintel (Lkr. Regensburg).

Damit hatten sich die bayerischen Herzöge auch nördlich der Donau als Territorialherren durchgesetzt. Ihre Machtposition stützte sich nicht mehr nur auf die Ansprüche aus dem Herzogsamt, sondern auf den Besitz der Landeshoheit, die jedoch nicht die gesamte Oberpfalz erfasste. Ausgenommen waren das Waldsassener Stiftland, das aus den Ämtern Münchenreuth (Gde. Waldsassen, Lkr. Tirschenreuth), Wondreb und Tirschenreuth bestand, der Besitz der Hochstifte Bamberg, Regensburg und Eichstätt in Vilseck, Hohenburg, Donaustauf, Wörth und Berching, der Nürnberger Kommende des Deutschen Ordens um Postbauer-Heng bei Neumarkt, das Territorium der Landgrafen von Leuchtenberg, die Reichsstadt Regensburg, das Regensburger Hochstift, die Fürstabtei St. Emmeram, die Damenstifte Ober- und Niedermünster und eine Reihe kleinerer Herrschaften wie Hohenfels, Parsberg oder Schönsee.

Der beachtliche wittelsbachische Besitzkomplex führte zu einem besonderen Interesse Ludwigs des Bayern am Nordgau. Er förderte Städte und Märkte, wie aus Urkunden seiner Kanzlei für Amberg, Cham, Kastl, Nabburg, Neumarkt, Neunburg v. W. oder Sulzbach hervorgeht, und er unterhielt enge Beziehungen zum oberpfälzischen Adel. In der Auseinandersetzung Ludwigs des Bayern mit Friedrich dem Schönen ergriffen die Herren von Taxöldern, Warberg, Meischendorf, von Krondorf, Hillstett, Pettendorf, die Paulsdorfer, Muracher und auch die Kürn Partei für Ludwig, der den herzoglichen Grundbesitz im

Nordgau zur Besoldung der in seinen Diensten stehenden Ritter heranzog. Ludwig brauchte die militärische Unterstützung des Adels aus dem Nordgau für seinen Kampf um die Königsherrschaft und er brauchte Geld, das er sich auch von den reichen Bürgern Regensburgs holte.

Der Weg zur Reichsstadt: Regensburg

Regensburg, im 9. und beginnenden 10. Jahrhundert Regierungsmetropole des ostfränkischen Reiches mit zwei Königspfalzen, wurde im 11. und 12. Jahrhundert zum *caput regni*, zum Zentralort Bayerns – im Franken, Schwaben oder Sachsen dieser Zeit findet sich kein vergleichbar bestimmender Ort – und zu *der* internationalen „Großstadt" Süddeutschlands mit slawischer, italienischer, französischer, griechischer Bevölkerung, zur Stätte eines europaweiten Fernhandels, der auch den Sklavenhandel mit den beiden größten europäischen Sklavenmärkten in Venedig und Verdun einschloss.

Die Handelsbeziehungen, die von den Messen der Champagne im Westen, bis Prag, Warschau, Kiew und Konstantinopel im Osten, nach Venedig und Mailand im Süden und Nowgorod im Norden reichten, machten die Stadt zum bedeutendsten Handelsplatz des deutschen Südostens. Die Blütezeit des Fernhandels reichte vom 12. bis zum 14. Jahrhundert.

Pons optimus, pons gloriosus: Die Steinerne Brücke

Bereits Karl der Große ließ in Regensburg eine Brücke über die Donau errichten. Doch das hölzerne Bauwerk war den immer wiederkehrenden Hochwassern nicht gewachsen und wurde häufig zerstört. Als die Brücke mit dem zunehmenden Handelsverkehr schließlich an ihre Belastungsgrenze stieß, entschlossen sich die Regensburger zum Bau einer neuen, einer steinernen Brücke. Als Auftraggeber kommen Burggraf, Herzog oder Bischof in Frage. Möglicherweise gab es eine gemeinsame Bauherrschaft, bei der auch die Bürger der Stadt, wie in Würzburg, durchaus ein Wort mitzureden hatten.

Im Sommer 1135 begannen nach langer Planung die Arbeiten. Dieses Jahr schien besonders geeignet, denn es war so heiß und trocken, dass „Wälder sich entzündeten und die Donau bis in die Tiefe seicht wurde". Elf Jahre wurde gebaut, bis sich die Brücke mit ihren 16 Rundbögen auf 15 Pfeilern ruhend 336 Meter über die Donau spannte.
Dieses Meisterwerk hochmittelalterlicher Ingenieurskunst war über Jahrhunderte der einzige feste Donauübergang zwischen Ulm und Wien und wurde zu einem der bedeutendsten Verkehrsknotenpunkte im süddeutschen Raum. Kreuzfahrerheere überschritten hier die Donau und Handelswege kreuzten sich. Schlussendlich verhalf die Brücke der Stadt zu einem nie dagewesenen wirtschaftlichen Aufschwung.
Über den Bau des Prestigeobjekts der reich werdenden Handelsstadt existiert eine Sage: Der Brückenbaumeister soll mit dem Dombaumeister eine Wette, wer von beiden sein Werk zuerst vollenden wird, abgeschlossen haben. Da der Dombau deutlich schneller vonstatten ging, wandte sich der Brückenbaumeister an den Teufel. Der versprach ihm Hilfe, wenn er die Seelen der drei Ersten bekäme, die über die Brücke gingen. Nun schritt der Bau schnell voran und als er vor dem Dom vollendet war, forderte der Teufel seinen Lohn. Der kluge Baumeister ließ bei der Eröffnung zuerst einen Hahn, dann eine Henne und schließlich einen Hund über die Brücke laufen. Voller Wut versuchte nun der Teufel, die Brücke zu zerstören, aber sie hielt seinen wuchtigen Schlägen stand. Nur ein Buckel blieb zurück, der vom Wüten des Teufels zeugte.
Tatsächlich war die Brücke, die zum Vorbild für ähnliche Bauten in Dresden, Prag, London oder Avignon wurde, längst vollendet, als mit dem Bau des neuen Regensburger Doms – wohl 1273, unmittelbar nach dem Brand des alten, noch auf die Zeit der Karolinger zurückgehenden Doms – begonnen wurde.

Aber Regensburg war nicht nur das größte Wirtschaftszentrum des süddeutschen Raums – wobei Handwerk und heimische Produktion eine völlig untergeordnete Rolle spielten –, die Stadt war auch eine Kulturstätte ersten Ranges. Hier lag das Zentrum der bayerischen Buchmalerei, zunächst im Kloster St. Emmeram, später im Kloster Prüfening. Für Heinrich II. war die Regensburger Schreib- und Malschule besonders bedeutsam, denn wegen des Widerstands Herzog Hermanns von Schwaben stand die bisher von seinen königlichen und kaiserlichen Vorgängern genutzte Werkstatt auf der Bodenseeinsel Reichenau nicht zur Verfügung. Zu den Höhepunkten der Regensburger Buchmalerei gehören das Sakramentar Heinrichs II., das Evangelistar für die Äbtissin Uta von Niedermünster, das Glossarium Salomonis und das Goldene Evangelienbuch von Hohenwart.

Bis in die Mitte des 12. Jahrhunderts hielten sich Kaiser, vertreten durch die Burggrafen, Herzog und Bischof bei der Verteilung der Rechte in der Stadt in etwa die Waage. In Bewegung gerieten die Machtverhältnisse durch die Übertragung des Herzogtums Bayern an Pfalzgraf Otto von Wittelsbach und das Aussterben der burggräflichen Linien gegen Ende des 12. Jahrhunderts.

Die neuen bayerischen Landesherren, die wenig Besitz und Herrschaftsrechte im Umland ihrer „Hauptstadt" besaßen, begannen umgehend mit Baumaßnahmen am Komplex der alten Agilolfingerpfalz am Alten Kornmarkt und in dessen Umgebung, um die ersten Organe der sich bildenden Zentralverwaltung anzusiedeln. Sie versuchten damit, an die alte Tradition Regensburgs anzuknüpfen, um die Kontinuität ihrer Herrschaft herauszustellen.

Doch der Kaiser verfolgte eigene Interessen. Friedrich Barbarossa, der im Rahmen seiner groß angelegten Reichslandpolitik dem Regensburger Raum besondere Aufmerksamkeit schenkte, beabsichtigte, einen Königslandgürtel über den mittleren Donauraum, Schwaben, Franken, den Nordgau und das Egerland bis hinauf nach Mitteldeutschland zu ziehen. Um seine Position am Donaubogen zu stärken, versuchte Friedrich, wichtige Funktionen in der Stadt an sich zu ziehen: 1185 beanspruchte er das burggräfliche Amt und die damit verbundenen Lehen des Hochstifts, im gleichen Jahr versuchte er, seinen Kanzler als Regensburger Bischof durchzusetzen, und 1188 brachte er die Domvogtei in seine Hand.

Mit der Doppelwahl Philipps von Schwaben und Ottos IV. 1198 endete jedoch die dominierende Stellung des Königs/Kaisers in Regensburg.

Nun begann die Phase der bischöflich-herzoglichen Rivalität um die Stadtherrschaft. Nach dem Aussterben der Landgrafen von Stefling 1196 entbrannte zwischen Herzog und Bischof ein erbitterter Streit um das burggräfliche Erbe. 1205 konnte man sich endlich einigen: Bischof und Herzog teilten sich die Herrschaftsrechte in der Stadt als gleichberechtigte Partner. Doch schon 1213 endete die Zeit gemeinsamer Herrschaft. Für die nächsten dreißig Jahre war der Bischof Herr der Stadt.

Im Kräftespiel König/Kaiser – Herzog – Bischof setzte die Bürgerschaft auf das Königtum. In einer langen Reihe von Begünstigungen, die wohl 1182 begannen, erhielten die ganz im Zug der Zeit nach Autonomie strebenden Regensburger immer mehr Selbstverwaltungsrechte. Philipp von Schwaben und Friedrich II. verliehen der Stadt 1207 und 1230 umfangreiche Privilegien, die schließlich gegen den entschiedenen Widerstand der Bischöfe in die Stadtfreiheit mündeten.

Als sich Bischof Siegfried in der Auseinandersetzung zwischen Kaiser und Papst auf die Seite Papst Innozenz IV. stellte, beantwortete Friedrich II. den Abfall seines langjährigen Kanzlers mit der Urkunde vom 10. November 1245: Der Kaiser gewährte den Regensburger Bürgern zum Dank für ihre Treue das Recht der freien Bürgermeister- und Ratswahl. Für das Bürgertum war dieses Dokument das seit Langem herbeigesehnte Signal, die städtischen Belange selbst in die Hand zu nehmen und zur Reichsfreiheit aufzusteigen. Für den Bischof bedeutete es den endgültigen Verlust der Herrschaft über die Stadt.

Die bayerischen Landesherren waren jedoch nicht gewillt, den Weg der Regensburger, die die bischöfliche Stadtherrschaft nicht aus eigener Kraft abgeschüttelt hatten, aber nun dank geschickter Politik und wirtschaftlicher Erfolge ihre Unabhängigkeit verteidigen konnten, tatenlos hinzunehmen. Sie versuchten mit allen Mitteln, die herzogliche Stellung in Regensburg zu retten. Als König Konrad IV. 1254 starb und damit die staufische Reichslandpolitik zusammenbrach, hatte die Stadt ihren Schutzherrn verloren. Herzog Ludwig der Strenge zettelte nun einen Krieg mit den Städtern an, den er schließlich verlor. Die Bürgerschaft zwang ihn zu einem demütigenden Frieden und drängte ihn aus allen Herrschaftspositionen in der näheren Umgegend der Stadt. Der Versuch, Regensburg dem bayerischen Territorium einzugliedern, war gescheitert. Die Bayern mussten sich nun einen anderen Ort als Haupt- und Residenzstadt suchen.

Allerdings besaßen die Herzöge weiterhin Rechte in ihrer „verlorenen Hauptstadt". Auf dem Pfandweg und durch Kauf gelang es den Bürgern im Laufe der folgenden Jahre, diese verbliebenen herzoglichen, zum Teil auch bischöflichen Rechte, vor allem die Gerichtsrechte, in ihren Besitz zu bringen und so die bayerischen Landesherren und auch die Bischöfe immer weiter zurückzudrängen.

Noch vor 1300 errichteten die Regensburger schließlich eine neue Stadtmauer und begannen vor ihr einen territorialen Gürtel als Burgfriedensbezirk aufzubauen, um die Nahversorgung der etwa 15 000 Einwohner sicherzustellen. Damit grenzte sich die Stadt gegen das bayerische Umland, das in den Landgerichten Stadtamhof und Haidau organisiert wurde, entschieden ab.

Regensburg gehörte nun zu den „Freien Städten", die kaum noch Verpflichtungen gegenüber Kaiser und Reich hatten.

Ludwig der Bayer und Regensburg

Die Unabhängigkeit Regensburgs ruhte jetzt auf einer soliden Basis und war von niemandem mehr ernsthaft anzufechten, auch nicht von Ludwig dem Bayern, dem die Wichtigkeit gerade dieser Stadt mehr als bewusst war.

Es ist deshalb nicht verwunderlich, dass er sie gleich bei seinem Regierungsantritt förmlich mit Urkunden überschüttete. In den Jahren 1314/15 nahm er sie in seinen besonderen Schutz, bestätigte ihr alle Privilegien, erweiterte ihre gerichtlichen Kompetenzen, gewährte Handelsvergünstigungen.

Diese intensive Förderung Regensburgs zahlte sich aus. Als nämlich 1319 die Auseinandersetzungen mit Friedrich dem Schönen auf ihren Höhepunkt zutrieben und auch auf den Regensburger Raum ausgriffen, versperrten die selbstbewussten Bürger kurzerhand die Stadttore, erschwerten den Durchmarsch des Habsburgers und halfen damit Ludwig über eine gefährliche Situation hinweg.

Vor allem leisteten sie dem stets von Geldnöten geplagten Herzog von Oberbayern, Pfalzgrafen bei Rhein und deutschen König, finanzielle Hilfe. Wenn es Ludwig schlussendlich gelang, sich im Thronstreit gegen das Haus Habsburg durchzusetzen, hatte er es auch den Patriziern Regensburgs und ihren sprudelnden Geldquellen zu verdanken. Die Familien Gumprecht und Reich gehörten zu seinen Hauptfinanciers.

Eine zweite Welle von Privilegien in den Jahren 1322 bis 1324 war der Dank für diese Unterstützung. Besonders wichtig wurde das *Privilegium de non evocando*. Damit war es nicht mehr möglich, einen Regensburger Bürger vor ein auswärtiges Gericht zu stellen.

Ludwig hielt sich häufig in der Stadt auf, der er viel zu verdanken hatte und die ihn auch während des Kampfes gegen die Kurie unterstützte. Als er aber 1328 die Kaiserkrone errungen hatte, änderte sich das Verhältnis grundlegend. Der Wittelsbacher sah sich auf dem Höhepunkt seiner Macht, und die bekam in der Folgezeit auch die Stadt Regensburg zu spüren.

Der Kaiser glaubte, die innerstädtischen Parteikämpfe, vor allem die Auer-Unruhen ab 1330, für sich nutzen zu können. 1337 versuchte er, die Stadt einzunehmen, und ließ einen Tunnel unter der Stadtmauer graben, um auf diesem Weg seine Soldaten in die Stadt zu bringen. Das Unternehmen wurde aufgedeckt, der Handstreich misslang. Dass sich wegen dieser und weiterer gegen die Stadt gerichteter Unternehmen die Beziehungen zwischen den Regensburgern und dem Kaiser deutlich verschlechterten, ist verständlich. Ludwig setzte sie unter Druck, um die Stadt seinem Territorium einzuverleiben und sich so ihre Finanzkraft unmittelbar nutzbar machen zu können.

Erreicht hat er damit das Gegenteil. Seine Gegner formierten sich, und die Regensburger hatten nichts Eiligeres zu tun, als sich auf die Seite des luxemburgischen Thronprätendenten Karl zu stellen.

Auf der Seite der Gegner Ludwig des Bayern stand auch seine eigene Verwandtschaft, nämlich sein älterer Bruder Rudolf, ebenfalls Herzog von Oberbayern und Pfalzgraf bei Rhein, und dessen Söhne. Rudolf hatte Ludwig weder an der Regierung in Bayern noch in der Pfalz teilhaben lassen. Dies führte zu ständigem Streit der Brüder. Wegen der nach dem Tod König Heinrichs VII. 1314 anstehenden Königswahl steigerten sich die Querelen derart, dass der von den Luxemburgern aufgestellte Ludwig nicht mit der Stimme seines Bruders, des pfälzischen Kurfürsten, rechnen konnte. Rudolf stimmte tatsächlich für den Habsburger Friedrich den Schönen, an dessen Königtum er zäh festhielt.

Damit blieb für Ludwig keine andere Wahl, als den Bruder mit Unterstützung des Landesadels politisch auszuschalten. 1317 musste Rudolf einen Vertrag akzeptieren, in dem er auf alle Herrschaftsrechte in Bayern und der Pfalz verzichtete und sich mit einer Apanage zufrieden gab.

Als Rudolf zwei Jahre später starb, hatte er bereits damit begonnen, eine neuerliche Koalition gegen Ludwig aufzubauen, und mit seiner Gemahlin und seinem Sohn Adolf unversöhnliche Gegner König Ludwigs hinterlassen.

Die Pfalzgräfin starb 1323, Adolf 1327, und nun sah Ludwig endlich eine Möglichkeit, das Problem innerhalb der eigenen Familie zu lösen. Im August 1329 unterzeichneten er und die jüngeren Söhne Rudolfs in Pavia einen Vertrag, in dem die Aufteilung der wittelsbachischen Lande bestimmt wurde. Diese höchst folgenreiche Vereinbarung schuf zwei voneinander unabhängige Fürstentümer. Ludwig erhielt Oberbayern, und die Nachkommen seines Bruders bekamen die Pfalz. Da das pfälzische Territorium jedoch zu klein war, musste ein Ausgleich geschaffen werden, und so gingen Teile des bayerischen Nordgaus an Ludwigs Neffen.

Dazu gehörten Burgen und Märkte in den heutigen Landkreisen Neustadt/Waldnaab, Tirschenreuth, Amberg-Sulzbach, Schwandorf, Cham und Neumarkt, dazu die Städte Amberg, Nabburg, Neumarkt, Neunburg v. W., Neustadt a. d. W., Sulzbach und Weiden. Bei Bayern blieben Schwandorf, Burglengenfeld, Schmidmühlen, Velburg und weitere Orte und Burgen im heutigen Landkreis Regensburg.

Der nun pfälzisch gewordene Teil des Nordgaus, „der Pfalz Land zu Baiern“, bildete die Grundlage für die Entwicklung der „Oberen Pfalz“ – sie lag geographisch höher als die rheinische Pfalz –, die über Jahrhunderte Nebenland eines entfernt liegenden Fürstentums bleiben sollte.

Verwaltungsmittelpunkt der neu-pfälzischen Gebiete auf dem bayerischen Nordgau wurde die Stadt Amberg.

Vom bambergischen Dorf zur Hauptstadt der „heroberen Pfalz": Amberg

Am 24. April 1034 stellte Kaiser Konrad II. in Regensburg ein Diplom für Eberhard, den ersten Bischof von Bamberg, aus. Der Kaiser übertrug ihm dabei Rechte in der *villa, quae dicitur Ammenberg*, in einem Ort der Ammenberg heißt und hier zum ersten Mal urkundlich erwähnt wurde. Es handelte sich um Bann-, Markt-, Zoll-, Fähr-, Fischerei-, Jagd- und weitere kaiserliche und herzogliche Rechte – insgesamt höchst einträgliche Titel für den Bamberger Bischof, der wohl schon Grundbesitz um Amberg besaß und dort eine Kirche gebaut hatte.

Im Schatten dieser Georgskirche entwickelte sich das bambergische Amberg, das an einem überregional bedeutsamen Handelsweg von Franken nach Böhmen lag, zu einer beachtlichen Kaufmannssiedlung. 1163 erhielt sie von Kaiser Friedrich I. Barbarossa die gleichen Handelsfreiheiten im Reich wie die Nürnberger Kaufleute.

Amberg lag nicht nur an einer wichtigen Fernhandelsstraße, die Siedlung besaß einen weiteren Standortvorteil, nämlich den Zugang zu einem schiffbaren Fluss, der Vils. Damit hatten die Amberger Anschluss an eine der bedeutendsten Verkehrsadern Europas, die Donau. Die ansässigen Kaufleute nützten die günstige Lage und dehnten ihren Handel bis Passau und weiter aus. Hilfreich war dabei ein Privileg, das der Bamberger Bischof Eberhard II. erwirkte. Es verlieh den Ambergern die gleichen Rechte wie den Regensburgern beim Handel donauabwärts.

Amberg wurde zum nördlichsten Punkt, der von der Donau aus mit Schiffen erreicht werden konnte, und damit zum Hauptumschlagplatz für den regionalen Handel in der mittleren Oberpfalz. Die wirtschaftliche Bedeutung zeigte sich auch in seinem Status: Aus dem bambergischen Dorf war Mitte des 12. Jahrhunderts das *forense oppidum Amberch* geworden, der befestigte Markt Amberg, der sich im Laufe des 13. Jahrhunderts zur Stadt entwickelte.

Leider liegt keine Urkunde vor, die die Stadterhebung belegt. Wahrscheinlich erhielt Amberg das Stadtrecht von Herzog Ludwig II. von Bayern, der das *oppidum Amberc* als Bamberger Lehen erhalten hatte. Jedenfalls bestätigte und erneuerte sein Sohn Rudolf der nun wittelsbachischen Stadt Amberg am 3. März 1294 die auf Ludwig II. zurückgehenden Rechte.

Besonders intensive Förderung erfuhr die junge Stadt durch den Bruder Pfalzgraf Rudolfs I., Ludwig den Bayern. Er bedachte sie mit einer Vielzahl von Privilegien und stiftete den Bürgern von Amberg, die *wir liep vor andern unsern laeuten haben*, ein Spital, eine der wichtigsten Wohlfahrtseinrichtungen des späten Mittelalters.

Trotz der *liep*, die wohl auf bedeutende Geldzuwendungen der Amberger an den immer bedürftigen König zurückzuführen ist, überließ Ludwig der Bayer die Stadt im Hausvertrag von Pavia seiner pfälzischen Verwandtschaft. Er sicherte allerdings den Bürgern alle vor dem Vertrag bereits geltenden Freiheiten, vor allem die Zoll- und Geleitfreiheit in Bayern, zu.

Der Herrschaftsübergang an die Pfälzer bedeutete einen spürbaren Einschnitt in der Geschichte der Stadt, denn die Pfalzgrafen brauchten in ihrem „Lande zu Baiern“ ein Herrschafts- und Verwaltungszentrum. Diese Position fiel Amberg zu, dessen Rechte auch von den Neffen Kaiser Ludwigs bestätigt wurden.

1368 und 1378 vereinbarten die Pfalzgrafen schließlich, dass neben rheinpfälzischen Orten auch Städte und Burgen in Bayern für immer bei der Pfalz bleiben und auf keine Weise veräußert werden sollten. Dazu gehörten neben Kemnath, Nabburg

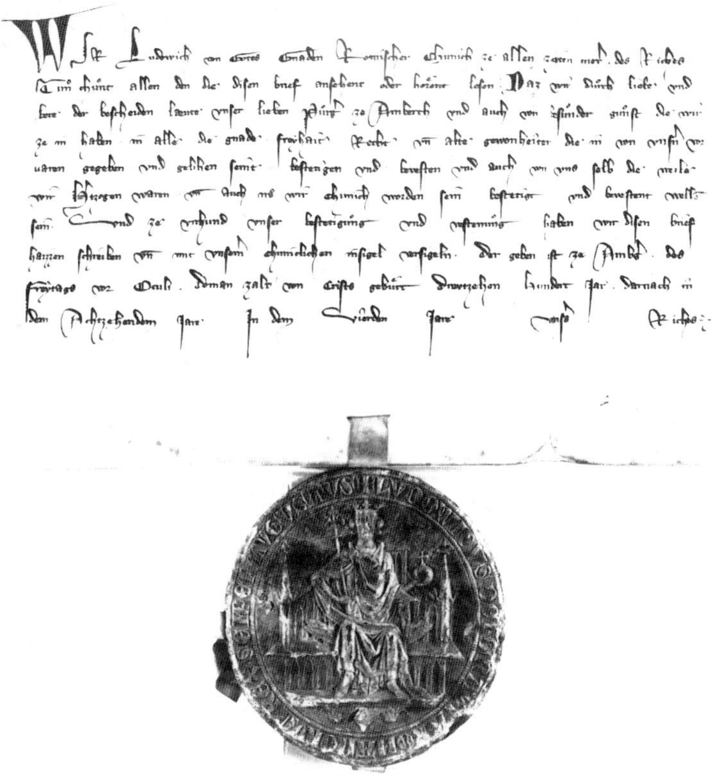

Kaiser Ludwig der Bayer war einer der größten Förderer Ambergs. – Privilegienbestätigung von 1318. Stadtarchiv Amberg.

oder Waldeck auch das Verwaltungszentrum Amberg. Damit war die dynastische Klammer zwischen Ober- und Unterpfalz eindeutig und Amberg wurde zum oberpfälzischen Vorort des Kurpräzipuums, also der Gebiete, an denen die Kurwürde der Pfalz haftete.

Des Kaisers Land in Bayern: Karl IV. und Neuböhmen

Nach dem Tod Kaiser Ludwig des Bayern 1347 entschieden sich seine pfälzischen Neffen bei der Nachfolgefrage für den luxemburgischen Kandidaten, den böhmischen König Karl, an den sie sich eng anschlossen.

Karl IV. heiratete 1349 die einzige Tochter und Erbin des pfälzischen Kurfürsten Rudolf II., die jedoch vor ihrem Vater starb. Damit zerschlugen sich zunächst Karls Hoffnungen, neben Rechten in der Pfalz – vor allem die Kurstimme – auch den pfälzischen Nordgau an sich zu bringen.

Doch der König sah sein Ziel nicht ganz verloren. Da er erhebliche finanzielle Forderungen an die Pfälzer hatte, ließ er sich bis 1353 Teile ihres Besitzes auf dem Nordgau verpfänden oder kaufte sie den immer geldbedürftigen Pfalzgrafen ab. Dazu gehörten Eschenbach, Neustadt, Störnstein, Thurndorf (Lkr. Neustadt/Waldnaab), Auerbach, Hauseck, Hirschau, Lichtenegg, Neidstein, Rosenberg, Rupprechtstein, Sulzbach und Werdenstein (Lkr. Amberg-Sulzbach).

Schließlich gelang es dem König im November 1353, auch die wichtigen Burgen Floß und Parkstein, die 1347 als Reichspfand an die Nürnberger Burggrafen gegangen waren, auszulösen und an die Krone Böhmens zu binden. Von den Landgrafen von Leuchtenberg, die 1322 ihren Stammsitz, die Burg Leuchtenberg, verlassen und im größten Ort ihres Herrschaftsbereiches, in Pfreimd (Lkr. Schwandorf), ihre neue Residenz bezogen hatten, erhielt er Pleystein, Reichenstein, Schönsee und vom Kloster Waldsassen Bärnau, das für Karl wegen seiner Lage am Übergang nach Tachau in Böhmen von besonderer Bedeutung war.

Die Pfälzer hatten sich zwar noch ein Rückkaufsrecht vorbehalten, aber zwei Jahre nach den Vertragsabschlüssen war klar, dass der König keinesfalls die Absicht hatte, sich die erworbenen Gebiete wieder abnehmen zu lassen. Karl IV. erklärte nämlich bei seiner Kaiserkrönung in Rom 1355 alle neu erworbenen, sich an sein Stammland anschließenden Gebiete als für immer mit der Krone Böhmens verbunden.

Seine Stoßrichtung war eindeutig: Er wollte im westlichen Vorfeld Böhmens ein luxemburgisches Territorium etablieren, das eine Landbrücke von Prag als Hauptstadt seines Stammlandes über Nürnberg als Ort der Hoftage bis Frankfurt als Wahlort der Kaiser ermöglichte. Deshalb setzte Karl auch in den folgenden Jahren seine systematische Erwerbspolitik fort.

Von oberpfälzischen Adelsfamilien erhielt der Kaiser Hohenfels, Tännesberg, Wernberg, Wildenau und weitere Orte, Burgen, Pfandschaften oder Lehen und vom Hochstift Bamberg Rechte um Auerbach und im Veldensteiner Forst.

Die dichte Kette böhmischer Besitztümer im Nordgau reihte sich um die Verbindungsstraße von Prag nach Nürnberg, die später – erstmals 1513 – als *gulden stras* bezeichnet wurde.

Die Goldene Straße

Die Goldene Straße verläuft auf einer Route, die wohl schon in vorgeschichtlicher Zeit genutzt wurde und Teil eines Altstraßensystems war. Im 14. Jahrhunderts wurde die etwa 300 km lange Strecke zu einem bedeutenden Handelsweg zwischen Nürnberg und Prag.

Durch den Erwerb der nordgauischen Gebiete konnte der Kaiser nun sicher, ungehindert und ohne Zoll zu zahlen von Böhmen nach Nürnberg, weiter nach Frankfurt und zu seinen luxemburgischen Hausgütern im Westen gelangen. Karl erklärte die Straße zur „Reichsstraße" und verfügte, dass die böhmischen Könige nur auf ihr zu den Reichstagen und Königswahlen zu ziehen hätten.

Die Strecke über Bärnau, Neustadt a. d. Waldnaab, Weiden, Hirschau, Sulzbach ist nicht die kürzeste Verbindung von der böhmischen Grenze nach Nürnberg. Da sich der günstiger gelegene Übergang über das Grenzgebirge bei Waidhaus (Lkr. Neustadt/Waldnaab) jedoch nicht in Karls Besitz befand und das leuchtenbergische Territorium umgangen werden musste, blieb dem Kaiser keine Wahl, als die längere Trasse und den Übergang bei Bärnau (Lkr. Tirschenreuth) zu akzeptieren.

Heute sprechen findige Werbeexperten von „Europas berühmtester Mittelalter-Autobahn" und projizieren damit moderne Vorstellungen auf die Zeit des 14. Jahrhunderts. Eine Autobahn, also ein Fern-Schnellverkehrsweg im Sinn einer einzigen Hauptverbindungslinie, war die Goldene Straße aber keinesfalls. Ulrich List, der sich intensiv mit den Verkehrs- und Transportwegen zwischen

Mittelfranken und Böhmen auseinandersetzte, schrieb: „Es muss im Bereich zwischen den Städten Nürnberg und Prag von einem differenzierten System sich verzweigender Routen ausgegangen werden, die sich untereinander berührten und zu unterschiedlichen Zeiträumen ihre größte Bedeutung erlangten."

Karls „Neuböhmen" oder „des Kaisers Herrschaft zu Baiern" wurde von Sulzbach aus verwaltet. Hier konnte er an die Tradition anknüpfen, die in die Zeit seines Schwiegervaters, Pfalzgraf Rudolf II., zurück reichte, der die Stadt zum Sitz eines Viztums (Stellvertreter des Landesherrn) bestimmt hatte. Die Herrschaft Karls IV., der mehrmals in der Stadt weilte, bedeutete für Sulzbach eine Zeit der Blüte und des Wohlstands. Der Warenverkehr aus dem Westen nach Böhmen bewegte sich durch die Stadt und sorgte für erhebliche wirtschaftliche Impulse.

Die Förderung von Handel und Gewerbe war immer ein besonderes Anliegen des Kaisers. Deshalb gewährte er großzügig Privilegien, in deren Genuss Städte und Märkte wie Amberg, Auerbach, Eschenbach, Neustadt am Kulm, Neustadt a. d. W. und auch die Bewohner Sulzbachs kamen. Sie erhielten unter anderem Zollfreiheit in allen Städten Böhmens und im Reich, besonders in Frankfurt und Nürnberg, und er sicherte eingeführte Waren vor Zugriff und Pfändung.

Der planmäßige staatliche Ausbau des Landes, die besonderen Maßnahmen zur Sicherung des Verkehrs, die insgesamt außergewöhnliche Fürsorge des Kaisers für seine Neuerwerbungen ließen kaum erwarten, dass er sich schon bald wieder von ihnen trennen würde.

Karls Politik zielte nicht nur auf den Ausbau seines böhmischen Hausguts ab, er versuchte weiterhin, eine zusätzliche Kurstimme zu erhalten. Der frühe Tod seiner Gemahlin Anna von der Pfalz hatte ja den Erwerb der pfälzischen Kurstimme verhindert. Nun bot sich dem Kaiser die Markgrafschaft Brandenburg an. Hier herrschten die Söhne Ludwigs des Bayern, die im Streit mit ihren altbayerischen Verwandten lagen und einen Erbvertrag zugunsten von Karls Sohn Wenzel schlossen. Ab 1371 ging der Kaiser dann gegen seinen unfähigen bran-

Die Goldene Straße zwischen Nürnberg und Prag war einer der wichtigen Handelswege des Mittelalters. – Gemälde von Prichta an einem Wohnhaus In Weiden.

denburgischen Schwiegersohn, Markgraf Otto V., den Faulen, vor und verdrängte ihn gegen den Widerstand des märkischen Adels und der bayerischen Wittelsbacher. Mit dem 1373 geschlossenen Vertrag von Fürstenwalde sicherte er sich die volle Verfügungsgewalt über die Mark Brandenburg und damit die zweite Kurstimme für sein Haus.

Der veränderten Ausrichtung der Politik Karls verdankten die Wittelbacher nun den Rückerwerb eines guten Teils der zwanzig Jahre zuvor verlorenen oberpfälzischen Gebiete. Otto V. erhielt für die Mark Brandenburg Schlösser, Städte *und Land*

Flozz, Hirsaw, Sultzpach, Rosenberg sowie weitere Orte gegen eine Pfandsumme von 100 000 Gulden.

Damit verlor die Stadt Sulzbach ihre Funktion als Verwaltungsamtssitz an das nördlich gelegene Auerbach, das nun eine wahre Blütezeit erlebte. Der neue Mittelpunkt des Landes, mal als Markt, mal als Stadt bezeichnet, erfuhr von Karl IV. und auch von seinem Sohn und Nachfolger in Böhmen und im Reich Wenzel intensive Förderung durch mehrere Privilegien, darunter die Zollfreiheit mit Nürnberg.

Als sich in den letzten Jahren des 14. Jahrhunderts die politische Lage für König Wenzel allerdings so zuspitzte, dass er als *unwirdiger Handhaber des heiligen römischen Reiches* abgesetzt wurde und sein Nachfolger, der im August 1400 zum König gewählte pfälzische Kurfürst Rupprecht III., einen Kriegszug gegen ihn unternahm, war das Ende Rest-Neuböhmens besiegelt. Im Zuge dieser Auseinandersetzungen wurden nicht nur die an das Königreich Böhmen angrenzenden Landstriche, sondern auch *viele andere Städte und Flecken, so zwischen dem Behemerwald und Nürnberg gelegen und durch Carolum quartum* (Karl IV.) *zu der cron Behem gezogen worden*, besetzt. Am 23. September 1400 eroberten die Truppen König Rupprechts I. Auerbach, das fast gänzlich zerstört wurde. Die neuböhmische Episode war damit zu Ende und der größte Teil der Oberpfalz wieder in wittelsbachischer Hand. Nur wenige Herrschaften, wie Neustadt a. d. W. und Störnstein, konnten nicht mehr zurückgewonnen werden.

Das „Ruhrgebiet" des Mittelalters

Karl IV. hatte der Hauptstadt seines neuböhmischen Territoriums etliche Privilegien verliehen, darunter das wichtige Recht, überall im Land, das zu Sulzbach gehörte, Bergwerke zu betreiben.

Bereits in der Latènezeit wurde in der Oberpfalz Eisen verhüttet und verarbeitet, wie die Funde in der Siedlung Berching-Pollanten zeigten. Das Erz dürfte in unmittelbarer Nähe der Siedlung abgebaut worden sein, in oberflächennahen, relativ leicht abbaubaren Lagerstätten, wie sie auch im Zentrum der oberpfälzischen Bergbaugebietes, dem Raum Amberg – Sulzbach-Rosenberg – Auerbach, angetroffen wurden.

Die Standortbedingungen waren äußerst günstig. Ausgedehnte Wälder lieferten Holz, und zum Antrieb der Hammerwerke und Gebläse war ausreichend Wasserkraft vorhanden. Ab Ende des 13. Jahrhunderts ging man dazu über, die Eisenhämmer an Flussläufe zu verlegen, zunächst vor allem entlang der Vils südlich von Amberg, dann auch in der nördlichen Oberpfalz. Das weit ausgreifende Flusssystem von Vils und Naab war darüber hinaus für den Transport von Holz, Erz und Eisenprodukten nutzbar. Eisenerzbergbau und Eisenverhüttung konnten so zur Basis der oberpfälzischen Wirtschaft im späten Mittelalter und der frühen Neuzeit werden und dem im Übrigen an Gütern und Rohstoffen armen Land einigen Wohlstand bringen.

Diesen Wohlstand zeigten die Hammerherren durchaus nach außen. Sie bauten ihre Wohnhäuser innerhalb der Hammergüter zu kleinen Landschlössern aus, die zu einem Charakteristikum für die Oberpfalz wurden. Eines der repräsentativsten

Das Ostbayerische Bergbau- und Industriemuseum ist in Theuern im bedeutendsten Hammerherrenschloss der Oberpfalz untergebracht.

Hammerschlösser steht in Theuern (Gem. Kümmersbruck, Lkr. Amberg-Sulzbach) an der Vils. Es beherbergt heute das ostbayerische Bergbau- und Industriemuseum.

Die im Laufe des 13. Jahrhunderts installierten ersten Schien- oder Stabhämmer waren das Rückgrat der oberpfälzischen Eisenindustrie. Als Schienhämmer bezeichnete man Eisenhütten, in denen Schien- und Deicheleisen hergestellt wurden. Deicheleisen oder *zwygeschmolzenes Eysen* war teuer und begehrt. Es wurde nicht nach Gewicht, sondern nach Stückzahl als „genormte“ Schienen oder zu Stäben verarbeitet vorrangig an Blechhämmer verkauft. Frühe Schienhämmer sind für Auerbach oder Eslarn belegt.

Die Eisenverarbeitung übernahmen die Blechhämmer. Die hier arbeitenden Schmiede waren gut verdienende Spezialisten, die aus dem hochwertigen Deicheleisen Schwarzblech produzierten. Die Bleche wurden in Nürnberg oder Wunsiedel, später in Amberg verzinnt. Ab 1533 konzentrierte sich hier die oberpfälzische Zinnblechherstellung. Die Geschäfte entwickelten sich wegen des Monopols ausgezeichnet, deshalb versuchte auch die Stadt Sulzbach, in die viel versprechende Weißblechproduktion einzusteigen. Nur mit Mühe konnten die Amberger dieses Vorhaben verhindern. Schließlich gestatteten sie den Sulzbachern, sich mit 3000 Gulden am Zinnblechhandel zu beteiligen. Das Weißblech wurde auf der Frankfurter oder Leipziger Messe verhandelt und nach Frankreich, Italien, in die Niederlande, die Türkei und nach England verkauft, *wo es on zweivel hoch werde gehalten*.

Umschlagplätze für Oberpfälzer Eisen waren Regensburg und Nürnberg. Von Regensburg ging es donauaufwärts zum Handelsplatz Ulm und weiter nach Lauingen und Augsburg, donauabwärts wurde es über Passau in den unteren Donauraum verschifft. Der Schiffstransport nach Regensburg fand am Sonntag statt, da hier die Arbeit in den Hammerwerken ruhte und die Stauwehre geöffnet werden konnten. Nach dem Löschen der Ladung an der Regensburger Eisenlände nahmen die Schiffe Salz als Fracht für den Rücktransport auf. Salz war eines der begehrtesten Handelsgüter des Mittelalters. Vor allem als Konservierungsmittel war es unentbehrlich. Vermutlich war

Amberg bereits im 12. Jahrhundert Umschlagplatz für Salz aus Reichenhall und später auch aus Hallein.

Im Gegensatz zur Transithandelsstadt Regensburg benötigte Nürnberg Eisen als Grundstoff für sein hoch spezialisiertes Metallhandwerk, das der fränkischen Reichsstadt Weltruf eingebracht hatte. Nürnberg war die bedeutendste Verarbeitungsstätte für Eisen (und andere Metalle) in Mitteleuropa vor dem Dreißigjährigen Krieg. Ohne die Nähe zum oberpfälzischen Montanrevier wäre dies kaum möglich gewesen.

Die „Große Hammereinung" 1387

Bei der großen Bedeutung für die oberpfälzische Wirtschaft versteht es sich eigentlich von selbst, dass die Landesherren die Verhältnisse im Bergbau und in der Eisenproduktion regelten und kontrollierten. Aber gerade beim Eisenerzbergbau im wichtigsten Oberpfälzer Revier, den Lagerstätten des Gebiets nordwestlich von Sulzbach bis südöstlich von Amberg, traten die Landesherren die Wahrnehmung dieser Rechte um die Mitte des 14. Jahrhunderts an die Städte Amberg und Sulzbach ab. Wer hier Bergbau treiben wollte, musste Bürger der zuständigen Stadt sein, sich nach deren Bergordnungen richten und sich ihrer Kontrolle unterwerfen.

Der Bergbau war ein lohnendes Geschäft. Deshalb standen nicht nur die Bergbau treibenden Bürger, sondern auch die Städte Amberg und Sulzbach in Konkurrenz zueinander. Diese Rivalität wurde noch dadurch verstärkt, dass die beiden Städte seit 1353 verschiedenen Landesherren unterstanden. Sulzbach versuchte, sein Montangewerbe auszubauen, und erschloss sich durch die Gunst Karls IV. den böhmischen Markt. Amberg dagegen fühlte sich in seinen alten Rechten beschnitten und durch den wachsenden Konkurrenzdruck bedroht. Doch Sulzbach verlor seine Absatzmärkte, als es 1373 an die Wittelsbacher zurückfiel und die Gefahr einer wirtschaftlichen Zersplitterung im Raum stand. Es war wohl ein Zeichen der Vernunft, dass sich die beiden Konkurrenten ein zweites Mal nach 1341 zu einer „Hammereinung“ zusammenschlossen.

Diese „Große Hammereinung“ von 1387 war eines der ersten überregionalen wirtschaftlichen Bündnisse auf deutschem Boden. Alle Eisenproduzenten, die auf das Erz der beiden Städte angewiesen waren – das waren praktisch alle Hammerwerke in der Oberpfalz –, unterschrieben den Vertrag, dazu gehörten auch Nürnberger Bürger, die sich in der oberpfälzischen Eisen„industrie“ engagierten.

Den Initiatoren ging es wohl vorrangig darum, die Existenz der bestehenden Hüttenwerke zu sichern. Sie verboten deshalb die Neugründung weiterer Werke und legten die Produktionsmenge auf den Status quo fest. Zur Durchsetzung dieser Bestimmungen wurde die monopolartige Stellung der beiden Städte in der Erzversorgung genutzt. Nur die Hütten, deren Betreiber sich an die Regelungen hielten, sollten weiterhin mit Erz beliefert werden. Da die Hammermeister auf das Amberger und Sulzbacher Erz angewiesen waren, mussten sie sich, ob sie nun wollten oder nicht, der Einung unterwerfen.

Natürlich gab es Kritiker, wie der Fall des Inhabers der Hämmer Haselmühl und Freudenberg zeigt, der im November 1387 vor dem Stadtgericht in Amberg verklagt wurde. Er hatte in aller Öffentlichkeit behauptet, die Einung bringe *keinen gemeinen nuzen*, sie schade vielmehr Land und Leuten. Auf die Länge der Zeit betrachtet hatte der Hammerherr durchaus recht, jetzt aber wurde er gezwungen, seine Äußerung zu widerrufen.

Mit der Einführung des Amberger Zentners und weiterer Erz- und Eisenmaße ging man erste Schritte in Richtung Normung der Erzeugnisse und Schaffung gleicher Wettbewerbsbedingungen für die Mitglieder der Einung. Sie kennzeichneten nun ihre Waren mit einer Schlagmarke und sorgten damit für ein bestimmtes Maß an Qualitätssicherheit auf dem Markt.

Interessant sind die Regelungen, die das Verhältnis zu den Beschäftigten festlegten. Erstmals in der Geschichte der deutschen Eisenindustrie wurden Einstellungstermine, Vertragsdauer oder Arbeits- und Urlaubslöhne bestimmt. Vertraglich geregelt wurden auch Maßnahmen gegen Schwarzarbeit und die Abwerbung von Arbeitskräften.

Das durch die Hammereinung entstandene Kartell, anfangs durchaus fortschrittlich, entwickelte sich trotz mehrerer Vertragsüberarbeitungen zu einem regelrechten Hemmschuh, zu einem untauglichen Instrument, als es im 16./17. Jahrhundert darum ging, den Niedergang des Eisengewerbes in der Region aufzuhalten.

Amberg, Sulzbach und der Falzberg

Die positive Entwicklung des Bergbaus in den letzten Jahren des 14. und zu Beginn des 15. Jahrhunderts führte zu immer weiteren Erschließungen neuer Erzlagerstätten, und damit war weiterer Streit zwischen den dominierenden Städten Amberg und Sulzbach unvermeidlich. Denn durch die Gebietsteilungen, Abtretungen und Verpfändungen waren die Herrschaftsverhältnisse in diesem Teil der Oberpfalz alles andere als eindeutig. So kam es bei grenznahen Erzvorkommen immer wieder zu Auseinandersetzungen, wie bei der Frage, wer den bei der Ortschaft Großenfalz nördlich von Sulzbach gelegenen *phaltzberg* ausbeuten dürfe.

Pfalzgraf Johann, Sohn König Rupprechts I., hatte wohl den Ambergern erlaubt, am Falzberg Gruben anzulegen. Dagegen protestierten die Sulzbacher und wandten sich an die bayerischen Herzöge, die sie für die eigentlichen Landesherren hielten, denn die bayerischen Wittelsbacher hatten 1379 Markgraf Otto V. beerbt, dem die südliche Hälfte Neuböhmens und damit auch Sulzbach verpfändet worden war. 1393 teilten sie ihren Besitz auf dem Nordgau. Zwei Drittel mit Hirschau, Floß, Vohenstrauß erhielt Herzog Stephan III. von Bayern-Ingolstadt, den Rest mit Sulzbach und Umgebung Johann von Bayern-München. Den Münchner Teil und einige nordgauische Gebiete Bayern Ingolstadts erwarb schließlich Kurfürst Ruprecht III. in den letzten Jahren des 14. Jahrhunderts. Er musste den altbayerischen Herzögen allerdings ein Rückkaufsrecht einräumen.

Mit diesen Wiederlösungsansprüchen waren vermutlich nicht näher zu bestimmende Mitspracherechte verbunden, denn im Amberg-Sulzbacher Streit fühlten sich die Erben Johanns von Bayern-München durchaus berufen, die Privilegien Sulzbachs gegen die Eingriffe des kurpfälzischen Regenten zu verteidigen – ganz so, wie es die Sulzbacher erhofft hatten. Die bayerischen Herzöge bestätigten jedenfalls, dass der Erzberg rechtmäßig Sulzbach zustünde. Genützt hat dies der Stadt nichts. Ihr blieb der Abbau am Falzberg trotzdem verwehrt.

Die Auseinandersetzungen der Städte Amberg und Sulzbach zeigen die Probleme und Rechtsunsicherheiten, die durch das Hin und Her um die böhmische Pfandschaft entstanden, denn die Krone Böhmens hatte die Gebiete ja nicht als Eigentum, sondern nur als Pfand für die Entschädigungssumme an Otto V. und dessen Erben übergeben. Schlussendlich leistete es der territorialen Zersplitterung im oberpfälzischen Raum merklichen Vorschub und stand einer kontinuierlichen politischen Entwicklung im Wege.

Das Herzogtum Pfalz-Neumarkt

König Rupprecht I., der das neuböhmische Intermezzo beendet hatte, übergab am 28. Mai 1404 seinem nachgeborenen Sohn Johann „alle seine Besitzungen in Bayern mit Land und Leuten als rechtmäßigem Landesherrn". Dies war die erste förmliche Errichtung einer pfälzischen Statthalterschaft in der Oberen Pfalz. Sie war allerdings zeitlich begrenzt und endete mit dem Tod des Königs.

Rupprecht starb am 18. Mai 1410. Er hatte in seinem Testament verfügt, dass die pfälzischen Gebiete unter seinen vier Söhnen aufgeteilt werden sollten. Dem ältesten Sohn Ludwig stand das Kurfürstentum mit der Residenzstadt Heidelberg zu und die mit der Kurpfalz verbundenen Städte und Ämter Amberg, Heinzburg (= Heinrichsbürg, Neumarkt-Pölling), Helfenberg (Lengenfeld, Lkr. Neumarkt), Kemnath, Murach, Nabburg, Rieden und Waldeck. Pfalzgraf Johann erhielt die übrigen oberpfälzischen und die beiden anderen Söhne die restlichen pfälzischen Gebiete.

Für den bislang in der gesamten Oberen Pfalz als Statthalter zuständigen Pfalzgrafen war die Teilung des Landes ein wenig erfreuliches Ereignis. Das für ihn neu geschaffene Herzogtum

Einer der beiden Löwen mit Wappenschild am Eingang des Pfalzgrafenschlosses Neumarkt.

Pfalz-Neumarkt bestand aus zwei durch die Kuroberpfalz getrennten Gebieten. Zentrum des westlichen Teils wurde Neumarkt, Zentrum des östlichen Teils Neunburg v. W. Anstelle des für ihn nun verlorenen Amberg wählte Johann die Stadt Neumarkt zu seiner neuen Residenz, wo er umgehend mit dem Bau eines Schlosses begann. Für Neumarkt folgten nun Jahre der kulturellen und wirtschaftlichen Blüte.

Der stets mit seinem älteren Bruder rivalisierende Johann war unermüdlich um Vergrößerung und inneren Ausbau seines

Territoriums bemüht. 1414 konnte er die Schutzherrschaft über das reichsunmittelbare Zisterzienserkloster Waldsassen, das sich in einem desolaten wirtschaftlichen Zustand befand, an sich bringen und bereitete damit die Grundlage für die vollständige Mediatisierung des Klosters im 16. Jahrhundert. 1418 gingen Stadt und Veste Pleystein an Johann, der auch die Ämter Floß, Vohenstrauß, Parkstein und Weiden gewinnen konnte – wenn auch in Gemeinschaft mit Friedrich I. von Brandenburg.

Dieses Kondominat unterlag in den folgenden Jahren einem ständigen Besitzwechsel. Vohenstrauß ging in den alleinigen Besitz des Brandenburgers über, später fiel es an Pfalz-Neuburg und an Pfalz-Sulzbach, ebenso wie die Herrschaft Floß, die vorher in den Besitz der Landshuter Wittelsbacher gekommen war. Damit bestand das Gemeinschaftsamt nur noch aus Parkstein-Weiden, das schließlich ebenfalls an Pfalz-Sulzbach fiel.

In den Jahren, in denen Johann an der Seite Friedrichs von Brandenburg gegen die wittelsbachische Verwandtschaft kämpfte, bahnten sich für die an Böhmen angrenzenden Gebiete folgenschwere Auseinandersetzungen an. 1419 führten die dort seit Jahren schwelenden religiösen Unruhen zum Aufstand gegen König Siegmund. Er wurde von den Aufrührern für den Tod des tschechischen Reformators Jan Hus vier Jahre zuvor verantwortlich gemacht. Alle Versuche des Königs, die Ruhe wiederherzustellen, scheiterten. Damit wurde eine Auseinandersetzung mit Waffengewalt unvermeidbar. Als die Kämpfe schließlich über die Grenzen Böhmens ausgriffen, trafen sie auch Johanns Lande.

Pfalzgraf Johann und die Hussiten

Ab 1420 mussten sich die grenznah lebenden Menschen fast jährlich mit den Raub- und Brandzügen der Hussiten abfinden, die sich für erlittene Grausamkeiten bitter rächten. Den Pfarrer von Nittenau (Lkr. Schwandorf) schmiedeten sie an einen Wagen und fuhren mit ihm herum, bis der Priester tot war. Hus' Freund Hieronymus von Prag war auf der Flucht nach

Böhmen im Mai 1415 in Hirschau verhaftet, an einen Wagen geschmiedet und nach Sulzbach geschafft worden. Ein Jahr später wurde auch er verbrannt. Damit hatten sich die Oberpfälzer den besonderen Hass der Hussiten zugezogen, zumal nicht nur Johann von Pfalz-Neumarkt, der Hieronymus auslieferte, sondern auch sein Bruder Kurfürst Ludwig III., der bei der Urteilsvollstreckung an Jan Hus mitwirkte, maßgeblich am Tod ihrer geistigen Führer beteiligt waren.

Zwischen 1423 und 1431 versuchten König und Reich in mehreren Feldzügen der Bedrohung Herr zu werden. Auch Johann von Pfalz-Neumarkt beteiligte sich einige Male an den Kämpfen. Gelegentliche Erfolge im Grenzschutz konnten jedoch die Reihe der vernichtenden Niederlagen der Reichsheere nicht wettmachen.

Die Schlacht von Hiltersried

Ihre einzige Niederlage erlitten die Böhmen schließlich auf Johanns Territorium. Im September 1433 zog eine Hussitenabteilung bis vor Nabburg, um für das unter Verpflegungsschwierigkeiten leidende Belagerungsheer vor Pilsen Nachschub zu besorgen. Ein Chronist berichtete: „Über Neukirchen bei Hl. Blut, Roding, Walderbach, Reichenbach drangen sie raubend und sengend bis Nabburg vor. Reich mit Beute beladen wollten die Hussiten bereits wieder heimkehren, als Herzog Johann sie bei Hiltersried stellte. Als der Pfalzgraf die Hussitengefahr kommen sah, bot er das Landvolk ringsumher auf, sandte Botschaft an den benachbarten Adel und sammelte die bewaffnete Mannschaft auf der Schwarzenburg bei Rötz. Der Oberbefehl wurde dem bereits kampferprobten Hintschik Pflug (der Waldmünchner Pfleger Hintzig Pflug zu der Schwarzenburg) übertragen."

Am 21. September gelang es tatsächlich einem Ritterheer mit Adeligen aus pfalz-neumarktischen und kurpfälzischen Gebieten an der Spitze, die zahlenmäßig überlegenen Böhmen bei Hiltersried (Gem. Schönthal, Lkr. Cham) zu schlagen, was diese jedoch nicht hinderte, im nächsten Jahr erneut in die Oberpfalz einzufallen und die Stadt Waldmünchen so zu verwüsten, dass sie für Jahrzehnte verödete.

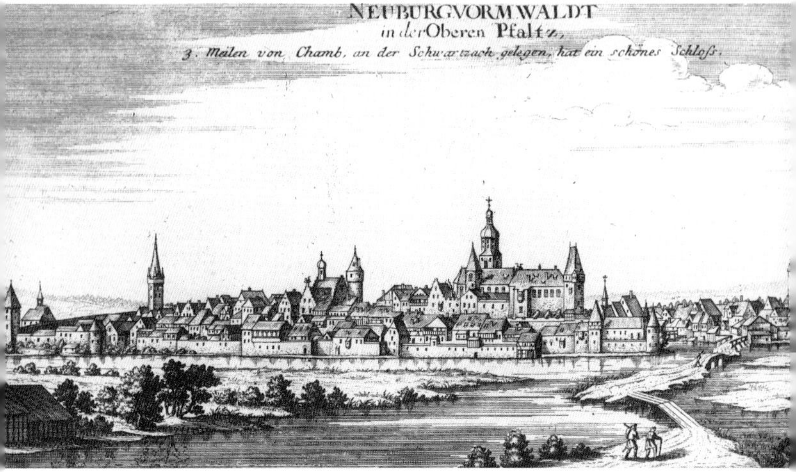

Pfalzgraf Johann (1383–1443), die „Hussitengeißel", wurde in Neunburg vorm Wald geboren und bestattet. – Undatierter Stich.

Die Auseinandersetzungen mit den Hussiten waren eine schwere finanzielle Belastung für das Neumarkter Fürstentum. Dem ehrgeizigen Pfalzgrafen, dem es eigentlich um den Ausbau seines Territoriums ging, blieb nichts anderes übrig, als einige Burgen und Ämter zu verpfänden. Die Feste Siegenstein (Gemeinde Wald, Lkr. Cham) ging an die Münchner Herzöge, die Burg Pfaffenhofen mit dem Markt Lauterhofen an das Kloster Kastl und das Amt Tännesberg an Albrecht von Murach.

Johanns vehementer Einsatz gegen die „Ketzer aus Böhmen" brachte ihm den Beinamen „Hussitengeißel" ein. Dennoch war er einer der Wenigen, die sich für einen Kompromissfrieden mit den Anhängern Hus' stark machten. Ob die Lehren des tschechischen Reformators in der Oberpfalz auf fruchtbaren Boden fielen, ist ungewiss. Hus berichtete, er sei auf der Reise nach Konstanz in Bärnau, Neustadt a. d. Waldnaab, Weiden, Hirschau oder Sulzbach durchaus freundlich aufgenommen worden und habe viel Verständnis für seine Überzeugung gefunden. Ganz sicher sind hussitische Wanderprediger durch die nördliche Oberpfalz und das Stiftland gezogen. Wirkliche

Bedeutung wie in einigen fränkischen Gebieten erlangten sie hier allerdings nicht.

Drei Jahre nach der Schlacht von Hiltersried, an die die jährlich in Neunburg v.W. stattfindenden Hussitenfestspiele erinnern, starb Kurfürst Ludwig III. Johanns Pläne, dem Bruder in der Kurwürde nachzufolgen, ließen sich nicht verwirklichen. Für Ludwigs unmündigen Sohn Ludwig IV. führte Otto I. von Pfalz-Mosbach, der jüngste Bruder Johanns, die Regierungsgeschäfte, Johann wurde als Statthalter der kuroberpfälzischen Gebiete bis zur Volljährigkeit seines Neffen im Jahr 1442 eingesetzt. Als Johann ein Jahr später starb, erbte sein einziger Sohn Christoph das Fürstentum Pfalz-Neumarkt.

Christoph hatte eine beachtliche Karriere gemacht. Seine Mutter war eine Schwester König Erichs, der ab 1397 die vereinigten Königreiche Dänemark, Schweden und Norwegen regierte. Als sich Erich zunächst mit den dänischen, später auch mit seinen übrigen Reichsräten überwarf, wurde er abgesetzt und sein Neffe Christoph zum neuen König gewählt.

Nach dem Tod des Vaters ließ Christoph seine oberpfälzischen Erblande von einheimischen Adeligen und ab 1447 von seinem Onkel Otto I. von Pfalz-Mosbach verwalten. König Christoph starb bereits am 5. Januar 1448. Da er keine Kinder hinterließ, ging das Teilherzogtum Pfalz-Neumarkt an die beiden Brüder seines Vaters, Stephan von Pfalz-Simmern-Zweibrücken und Otto I. von Pfalz-Mosbach. Stephan hatte kein Interesse am oberpfälzischen Erbe und überließ seinen Anteil seinem Bruder Otto.

Otto I. und Otto „Mathematicus"

Otto I. und dessen Sohn Otto II. spielten in der Geschichte der Oberpfalz eine nicht unbedeutende Rolle. Territorialpolitisch waren beide wenig erfolgreich. So gelang es Herzog Albrecht III. von Bayern-München im Verein mit Heinrich dem Reichen von Bayern-Landshut ehemals oberbayerische Städte, Märkte und Burgen auszulösen. Dazu gehörten Burglengenfeld, Hemau, Kallmünz, Poppberg, Rosenberg, Schwandorf,

Sulzbach und Velburg. Für die Pfalz war dies ein schwerwiegender, nicht mehr rückgängig zu machender Gebietsverlust im Süden der Oberpfalz.

Zu den lange nachwirkenden Ereignissen der Regierungstätigkeit Ottos II., der seinem Vater 1461 nachfolgte, zählt der 1465 mit König Georg von Böhmen geschlossene Vertrag über die böhmischen Lehen in Pfalz-Neumarkt. Seit 1459 bemühte sich Georg, die oberpfälzischen Herrschaften und Rechte, die Kaiser Karl IV. für den Kaufpreis der Mark Brandenburg an die Wittelsbacher verpfändet hatte, wieder für Böhmen zu gewinnen. Besonders umstritten waren die von König Rupprecht zurückeroberten Gebiete. Otto II. musste schließlich die böhmische Lehenshoheit über eine Reihe von Orten, darunter Auerbach, Bärnau, Eschenbach, Hohenfels, Tännesberg, Thurndorf, anerkennen. Dieser Vertrag blieb bis 1805 in Kraft und bot der böhmischen Krone immer wieder Vorwände, sich in oberpfälzische Belange einzumischen.

Zu den wichtigen Erwerbungen Ottos II. gehörten die Burg Wolfstein nördlich von Neumarkt und die dazugehörigen Herr-

Pfalzgraf Otto II. (1435–1499) konnte durch den Erwerb der Burg und der Herrschaft Wolfstein die pfälzischen Besitzungen um Neumarkt arrondieren.

schaftsbereiche. Die Neumarkter Pfalzgrafen hatten bisher immer wieder versucht, sich die Wolfsteiner Besitzungen einzuverleiben. Als Otto I. den Druck deutlich erhöhte, gingen Burg und Territorium zunächst als Lehen an Böhmen, bis es seinem Sohn gelang, Wolfstein zu erwerben und ins pfalzgräfliche Territorium einzugliedern.

Otto II., wegen seiner mathematischen und astronomischen Interessen „Mathematicus" genannt, starb 1499 ohne Erben. Schon 1477 hatte er seinem Verwandten Kurfürst Philipp die Nachfolge in Neumarkt und Mosbach zugesichert. 1490 übertrug er schließlich Philipp die Mitregierung. Mit Ottos Tod endete die Linie Pfalz-Mosbach-Neumarkt. Das Teilherzogtum Pfalz-Neumarkt-Neunburg fiel an die Heidelberger Kurlinie zurück. Die pfälzischen Besitzungen in der Oberen Pfalz waren nun wieder vereinigt.

Der Landshuter Erbfolgekrieg und die „Junge Pfalz"

Seit der Hochzeit Ottos I. von Pfalz-Mosbach-Neumarkt mit Johanna von Bayern-Landshut 1430 waren die Beziehungen zwischen den pfälzischen und den niederbayerischen Wittelsbachern immer enger geworden. Kurfürst Philipp hatte am 20. Februar 1474 mit großem Prunk in Amberg Margarethe von Bayern-Landshut, die Schwester Herzog Georgs des Reichen, geheiratet. Die prächtigen Feierlichkeiten wurden wohl zum Maßstab für die ein Jahr später in Landshut stattfindende Hochzeit Georgs mit Hedwig von Polen.

Trotz einiger familiärer Zwistigkeiten hatte Philipp mit seinem Schwager ein gutes Verhältnis gefunden, so gut, dass er glaubte, die Finger nach dem reichen Erbe des Landshuters ausstrecken zu dürfen. Philipps dritter Sohn Ruprecht heiratete Elisabeth, die einzige Tochter Georgs, der sie und seinen Schwiegersohn zu Erben einsetzte. Damit meinte der pfälzische Wittelsbacher, den ersten Schritt zur Rückkehr nach Bayern getan zu haben. Doch dies waren naive Gedanken, denn den Vorrang vor den Pfälzern als Erben Bayern-Landshuts hatten nach Reichsrecht die Bayern-Münchner, und sie würden in absehbarer Zeit nicht in männlicher

Linie aussterben. Dass sich der Münchner Herzog Albrecht IV. Niederbayern kampflos entreißen lassen würde, konnte niemand erwarten. Und auch König Maximilian I. hatte kein Interesse an einer pfälzischen Vormachtstellung in Süddeutschland.

Die Vorbereitungen auf einen möglichen Krieg um das Landshuter Erbe begannen noch vor dem Tod Georgs des Reichen, der Truppen anwarb und seinen Schwiegersohn adoptierte. Kurfürst Philipp, politisch völlig isoliert, sah sich nach dem Tod seines Schwagers 1503 einer übermächtigen Allianz gegenüber, der er früher oder später unterliegen musste. Albrecht von Bayern-München hatte sich die Unterstützung König Maximilians gesichert und erhielt Niederbayern als Reichslehen. Über Philipps Sohn Ruprecht und seine Anhänger verhängte der König die Reichsacht.

Zunächst konnte sich Ruprecht in Niederbayern noch behaupten. Am 13. Juli 1504 kam es bei Landshut zum ersten größeren Gefecht, bei dem der auf der Seite Albrechts stehende Götz von Berlichingen seine Hand verlor. Nach Albrechts Sieg musste sich Ruprecht nach Landshut zurückziehen, wo er am 20. August an der Ruhr starb. Seine Witwe Elisabeth setzte den Krieg ungebrochen fort.

In der heutigen Oberpfalz eroberten die Truppen Markgraf Friedrichs II. von Brandenburg-Ansbach, der Bayern-München unterstützte, Freystadt (Lkr. Neumarkt) und verwüsteten Kloster Waldsassen. Bei Ebnat (Lkr. Tirschenreuth) wurden sie jedoch von einem badischen Heer geschlagen. Zur entscheidenden Schlacht kam es am 12. September 1504. Bei Wenzenbach nordöstlich von Regensburg unterlagen die auf pfälzischer Seite kämpfenden Böhmen dem königlichen Aufgebot. Wenige Tage später starb auch Pfalzgräfin Elisabeth an der Ruhr.

Kurfürst Philipp wurde die Aussichtslosigkeit seiner Sache immer klarer. Schließlich wandte er sich an den König und bat um Schlichtung des Streits. Im Sommer 1505 wurde auf dem Reichstag in Köln vereinbart, auf Kosten der Streitparteien für die beiden 1502 und 1503 geborenen Söhne Ruprechts, Ottheinrich und Philipp, ein eigenes Fürstentum zu bilden: Pfalz-Neuburg, die „Junge Pfalz". Sie bestand aus abgetrennten Gebieten Bayern-Landshuts, Bayern-Münchens und der Kurpfalz. Betroffen waren in der Oberpfalz das Landgericht Burglengenfeld mit den Pflegämtern Schwandorf und Regenstauf, die Pflegämter Hemau und Velburg, das Landrichteramt Sulzbach, das Amt Laaber und die Hälfte von Parkstein-Weiden, Floß und Vohenstrauß.

Zwischen Neumarkt und Amberg: Pfalzgraf Friedrich

Die Vormundschaft für die beiden jungen Fürsten Ottheinrich und Philipp führte der Statthalter der Kuroberpfalz, Kurfürst Philipps vierter Sohn Friedrich. Der sich eng an König Karl V. anschließende Pfalzgraf residierte zunächst in Amberg und zog 1520 nach Neumarkt um, wo er das durch einen Brand zerstörte Schloss größer und schöner wieder aufbauen ließ. Neumarkt wurde zum Zentralort, an dem sich auch auswärtige Adelige einfanden, unter anderem – zum letzten Mal – solche aus Böhmen. Vor allem aber wurde der Neumarkter Hof nun zum Mittelpunkt für den Oberpfälzer Adel.

Als Vormund der Neuburger Pfalzgrafen hatte Friedrich 1505 die Herrschaft Schwarzenburg mit den Städten Rötz und Waldmünchen und den Schlössern Schwarzenburg und Treffelstein Heinrich von Guttenstein übereignet, um dessen Verdienste im Landshuter Erbfolgekrieg zu belohnen. Schon fünf Jahre später kaufte die Kurpfalz die Herrschaft und konnte damit den bedeutendsten territorialen Zugewinn des gesamten 16. Jahrhunderts verbuchen.

Ein weiterer Erfolg während der Statthalterschaft Friedrichs, der die Wirren des Bauernkriegs ausnützte, war die völlige Einverleibung des bisher nur in einem Schutzverhältnis zur Pfalz stehenden reichsunmittelbaren Klosters Waldsassen in den kurpfälzischen Staatsverband. Im Mai 1525 bestellte Friedrich ein fünfköpfiges Landschaftsregiment, das die Regierung des Abtes und Konvents ersetzte. Die dem Reichskloster zustehende Stimme auf dem Reichstag wurde nun vom pfälzischen Kurfürsten wahrgenommen.

In den letzten Jahren seiner Statthalterschaft verlegte Pfalzgraf Friedrich Regierung und Residenz von Neumarkt nach

Die ehemalige kurfürstliche Regierungskanzlei – das erste Renaissancebauwerk Ambergs. Heute befindet sich darin das Landgericht Amberg.

Amberg zurück, das zur unbestrittenen Hauptstadt der Oberen Pfalz wurde. In den Jahren 1544 bis 1547 errichtete er, nun pfälzischer Kurfürst, den letzten bedeutenden landesherrlichen Repräsentationsbau in Amberg, die Regierungskanzlei. Mit dem beeindruckenden Gebäude vollzog sich die Trennung der Landesverwaltung vom feudalen Hof, und die Renaissance hielt nun auch an der Vils Einzug.

Papst, Luther oder Calvin

Für Luther

Der zentralen Frage seiner Zeit – für oder gegen Luther – stand Kurfürst Friedrich eher zögerlich und zurückhaltend gegenüber. Die Gründe waren politische.

Die Kurpfalz hatte ihre mächtige Position durch die Niederlage im Landshuter Erbfolgekrieg eingebüßt und musste nun alles unternehmen, um ihre Stellung im Reich zu stabilisieren und nach Möglichkeit auszubauen. Das war nur erreichbar durch eine enge Anlehnung an den Kaiser. Wie groß die Abhängigkeit war, hatte sich gezeigt, als Kurfürst Ludwig V. erst 1518, zehn Jahre nach dem Tod seines Vaters Philipp, mit der Pfalz belehnt wurde.

Die Hinwendung Friedrichs zum Protestantismus wurde zwar immer deutlicher, aber er schreckte vor einer offiziellen Festlegung zurück, war er doch eng mit Karl V. verbunden. So hatte Friedrich als Statthalter der Oberen Pfalz 1522 das Wormser Edikt (Verhängung der Reichsacht über Luther, Verbot der Lektüre und Verbreitung seiner Schriften) verkünden lassen, gestattete aber Martin Bucer, dem Straßburger Reformator, in seiner Residenz Neumarkt zu predigen. 1534 gebot er seinen Untertanen, am bisherigen Ritus festzuhalten, aber vier Jahre später gewährte er den Oberpfälzer Landständen die freie evangelische Predigt – allerdings ohne schriftliche Zusicherung –, und 1539 rief er seine Räte wegen ihrer lutherischen Neigungen zur Ordnung, um nicht am Kaiserhof in Misskredit zu geraten.

Insgesamt ließ Kurfürst Friedrich II. die Dinge treiben und schuf damit einen Freiraum, in dem sich die reformatorischen Bestrebungen seiner Untertanen weitgehend ungehindert entfalten konnten. So sickerte über Wittenberg und Leipzig, über Nürnberg und schließlich auch über Regensburg, wo 1542 die Reformation eingeführt wurde, lutherisches Gedankengut in die Obere Pfalz und entwickelte sich zu einer Konfession eigener Ausprägung.

Schon seit Beginn der 1520er-Jahre lassen sich für die Städte Nabburg, Neumarkt und Neunburg v. W. protestantische Prediger nachweisen. Eine zweite reformatorische Welle setzte Ende der 30er-, Anfang der 40er-Jahre ein, als Amberg die Führungsrolle übernahm und durch den gebürtigen Amberger Sebastian Fröschel den Kontakt zu Luther und Melanchthon herstellen konnte. 1549 stellte Kurfürst Friedrich in gewohnt unentschlossener Manier den Ambergern frei, an der Reformation festzuhalten, auf ihn berufen durften sie sich jedoch nicht. Sechs Jahre später war die katholische Kirche nach dem Auszug der Franziskaner in Amberg nicht mehr offiziell präsent und der Rat konnte 1555/57 eine eigene Kirchenordnung erlassen.

Der Vormarsch der Reformation war in der Oberpfalz nicht mehr aufzuhalten, auch wenn es katholisch gebliebene Einsprengsel gab. Dazu gehörten die Enklaven der Hochstifte: Neuhaus und Vilseck – Letzteres kam ab 1554/59 in Nürnberger Pfandbesitz und wurde deshalb evangelisch –, Hohenburg, Donaustauf – seit 1486 an Bayern verpfändet – und Wörth. In Regensburg ergab sich die verzwickte Situation, dass sich die reichsstädtischen Bewohner zu Luther bekannten, diejenigen, die der Obrigkeit des bayerischen Herzogs, des Bischofs und der drei selbstständigen Klöster unterstanden, aber katholisch bleiben mussten. Auch das Territorium der Landgrafen von Leuchtenberg blieb katholisch. Hier konnte sich das Luthertum auf Dauer nicht durchsetzen, ganz anders als im ehemals leuchtenbergischen Gebiet um Neustadt am Kulm (Lkr. Neustadt/Waldnaab). Es war 1281 an die Nürnberger Burggrafen verkauft worden, gehörte nun zur Markgrafschaft Bayreuth und wurde wie diese evangelisch. Lutherisch wurde auch die Herrschaft Waldthurn (Lkr. Neustadt/Waldnaab), die der letzte Graf des Geschlechts 1540 an die Herren von Wirsberg verkaufte.

Pfalzgraf Ottheinrich und die Reformation

Die Herzöge von Pfalz-Neuburg, die sich in der Ablehnung der neuen Lehre lange Zeit mit ihren bayerischen Verwandten in München einig waren, setzten sich seit der zweiten Hälfte der

Ottheinrich von gotts gnaden Pfaltzgraue bey Rhein
Des Hay. Rhö. Reichs Ertztruchas vnd Churfurst/
Hertzog in Nidern vnd Obern Bayren ꝛc.

Lieber getreuer Wiewol wir Jetzo/ in eindrettung vnserer Chur-
furstlichen regierung/ bericht empfangen/ auch nit zweyfeln/ da
weyland der Hochgeborn Furst/ vnser freundtlicher lieber Herr/
vñ vetter/ Pfaltzgraue Friderich Churfurst ꝛc löbseliger gedecht-
nus/ lenger bey leben geblieben/ es were durch Sein lieb/ in dem
Churfurstenthumb der Pfaltz/ die ware Christliche Religion
gepflantzet/ vnd souiel muglich/ falscher gottes dienst abgestellett
worden/ So haben wir doch/ der ort/ die religion/ Lere/ vñ Kir-
chendienst/ nicht one besondere vnser missfallen/ noch dergestalt
Irrig vnd vnrein befunden/ das vns als der Ordenlichen Obrig-
keit/ nicht weniger als den altten gottseligen Königen/ Ezechia/
Asa/ Josia/ vñ andern/ võ Obrigkeit/ rechts/ vnd gewissens we-
gen/ lenger nit zu zusehẽ/ sonder geburen wöllen/ vor allen dingen/
Gottes ehre/ vnd vnserer vnderthanen seligkeit/ aus Christlichem
eifer/ zu gemuet zufuren/ vnd als hieuor in vnserm furstenthumb
Neuburg beschehẽ ist/ auch dieses anererbtẽ Churfurstenthumbs
der Pfaltz/ onuerzugliche gepurliche Christliche änderung vnd
ordnung/ der hailligen gschrifft/ vnd Augspurgischer Confesion
gemeß furzunemen/ damit also am ersten/ die ehre vnd das reich
Gottes/ der vnderthanen Seelen heil/ vnd seligkeit gesuchtt/ vnd
gepflantzet/ das vbel oder greuwel/ hinweg geton/ außgereutet/
vñ keyner gelegenheit der zit/ wie man sagt/ befolhen/ oder args/
von folge wegen des gueten gestattet/ vnd geduldet werde/ wie
wir vns dan solches/ nit allein gegẽ Gott zuthũ schuldig erkennẽ/
sonder auch vor vns selbsten nach muglichkeit zubefurdern wol
genaigt seien/ demnach dir hiemit befelhendt. du Wollest bey den
Pfarhern vnd Kirchendienern/ deines von vns befolhenen
ambtts/ dieses ernstlich einsehen haben vñ verfugen/ das sie bey

Mandat Kurfürst Ottheinrichs aus dem Jahre 1556 zur Einführung der lutherischen Kirchenordnung.

1530er-Jahre ernsthafter mit dem protestantischen Gedankengut auseinander. Ottheinrich erließ 1542, zwanzig Jahre nach seinem Regierungsantritt, ein Reformationsmandat und ein Jahr später die erste Kirchenordnung für das Herzogtum Pfalz-Neuburg, an der der Nürnberger Reformator Andreas Osiander mitgewirkt hatte. Als 1543 Ottheinrichs bayerische Gemahlin starb, wurde die Distanz zum katholischen Bayern immer deutlicher.

Ottheinrichs nun entschieden lutherische Haltung verwickelte sein Fürstentum in den Schmalkaldischen Krieg. Karl V. eroberte das Territorium, stellte es unter kaiserliche Verwaltung und leitete umgehend die Rekatholisierung ein. Sie blieb eine kurze Episode, denn die Pläne, Pfalz-Neuburg an die katholischen Fugger zu verkaufen, zerschlugen sich, und so konnte Ottheinrich 1552 nach der von Moritz von Sachsen angestifteten Fürstenrevolte wieder die Herrschaft übernehmen und erneut das Luthertum einführen.

Als Ottheinrich 1556 die Nachfolge seines ehemaligen Vormunds Kurfürst Friedrich II. antrat, erließ er auch für die Kurpfalz eine Kirchenordnung, die nun aus der reformatorischen Bewegung eine offizielle Landeskonfession machte. In der Oberen Pfalz gab es keine nennenswerten Widerstände in der Bevölkerung. Ottheinrich ging wohl insgesamt behutsam vor. Zumindest sollten seine Leute bei der Beseitigung *abgottischer und ergerlicher pilder* aus den Kirchen nur in *nechtlicher weil ohn sondern tumult und gepolder vorgehen.*

Keinen Erfolg hatte Ottheinrich in Neumarkt. Die Witwe Kurfürst Friedrichs II., Dorothea von Dänemark, residierte hier und widersetzte sich der Einführung der kurpfälzischen Kirchenordnung in ihren Ämtern. Dort herrschte bis zu ihrem Tod 1580 die weniger strenge brandenburgische Kirchenordnung. Die Entfernung katholischer Bilder und Kultgegenstände aus den Kirchen in und um Neumarkt konnte sie, solange sie lebte, verhindern.

In den Klöstern, in denen kaum noch monastisches Leben herrschte, wurde 1556/57 ebenfalls die Kirchenordnung Ottheinrichs eingeführt, auch wenn sich, wie in Kastl, Seligenporten oder Gnadenberg, die Bewohner energisch wehrten. Zunächst verzichtete man auf die Auflösung der Klöster und beschränkte sich auf die Inventarisierung ihres Vermögens. Erst 1562/63 erfolgte die formelle Aufhebung und damit der Verlust der Selbstständigkeit. Gewaltsam geschlossen wurden die Klöster nicht. Das hätte den Kurfürsten reichsrechtlich angreifbar gemacht. Doch er konnte sie durch die Verhinderung von Neueintritten aussterben lassen. 1576 erlosch mit dem Tod der Äbtissin des Klosters Seligenporten (Lkr. Neumarkt) das letzte vorreformatorische Kloster der Kuroberpfalz.

Völlig verschwunden war das katholische Leben allerdings nicht. So klagte 1562 der Pfarrer von Deining (Lkr. Neumarkt), seinen Schäfchen klängen die alte papistische Messe und des Papstes Schellen nach wie vor in den Ohren und sie verlangten, er möge doch die Messe lesen, wie man es von alters getan und wie er es schuldig sei. Auf die jeden Freitag angebotene Predigt verzichteten sie und sie weigerten sich, für die Kirche eine Bibel anzuschaffen.

Die Phase der Harmonie zwischen Fürst und Untertanen in Fragen der Religion war nur von kurzer Dauer. Die neuen Herren beriefen sich auf die Religionshoheit, die ihnen der Augsburger Religionsfriede zugestand, und zwangen den Untertanen von nun an ihre religiöse Überzeugung auf.

Die Geliebte des Kaisers

Nach Luthers Tod im Februar 1546 entschloss sich Kaiser Karl V., die religiose Frage militärisch zu lösen und die durch die Reformation zerstörte Konfessionseinheit gewaltsam wiederherzustellen. Zur Vorbereitung des Krieges gegen die Protestanten berief er einen Reichstag nach Regensburg ein, wo er am 10. April 1546 eintraf. Quartier nahm der Kaiser im Gasthaus „Zum Goldenen Kreuz". Hier fiel dem 46-jährigen Witwer die hübsche 18-jährige Aushilfe Barbara auf, die Tochter Wolfgang Plumbergers und seiner Ehefrau Sibilla, die in der Regensburger Kramgasse eine Gürtlerei betrieben.

Als Karl im August Regensburg verließ, war Barbara von ihm schwanger und brachte am 24. Februar 1547, am Geburtstag des Kaisers, einen Sohn zur Welt, dem sie den Namen Hieronymus gab. Karl leugnete die Vaterschaft nicht, hielt sie aber genauso geheim wie bei zweien seiner unehelich geborenen Töchter. Um die Mutter seines Sohnes zu versorgen, vermählte er sie 1551 mit einem kaiserlichen Beamten, mit dem Barbara nach Brüssel zog. Ihren unehelichen Sohn übergab sie Pflegeeltern, die mit ihm nach Spanien gingen.

Unter Wahrung des Geheimnisses seiner Herkunft wurde der Junge schließlich vom Vizekammerherrn des Kaisers erzogen. Nach dem Tod Karls 1558, der den unehelichen Sohn in seinem Testament anerkannt hatte, wurde er an den königlichen Hof gebracht und von seinem Halbbruder König Philipp II. unter dem Namen Don Juan de Austria als Sohn Karls V. vorgestellt. Berühmt wurde Don Juan als Sieger der Seeschlacht von Lepanto 1571.

Seine Mutter, seit 1569 verwitwet, lebte zunächst in unsicheren finanziellen Verhältnissen, bis Philipp II. ihr einen großzügig bemessenen Unterhalt gewährte. Weil Barbara, die sich inzwischen Blomberg nannte, durch ihren vielleicht nicht ganz soliden Lebenswandel für Gesprächsstoff sorgte, hätte sie der König lieber in einem Kloster in Spanien gesehen. Doch Barbara weigerte sich, ihr selbstbestimmtes Leben aufzugeben. Erst nach einem Gespräch mit ihrem Sohn Juan, den sie im November 1576 zum ersten Mal nach der frühen Trennung wiedersah, war sie bereit, nach Spanien überzusiedeln. Hier starb sie am 18. Dezember 1597.

Luther, Calvin oder *cuius regio, eius religio*

Als Kurfürst Ottheinrich I. 1559 starb, erlosch die Heidelberger Linie des pfälzischen Kurfüstenhauses in männlicher Linie. Sein Nachfolger wurde Friedrich von Pfalz-Simmern, der unter Ottheinrich bereits als Statthalter in der Oberen Pfalz gewirkt hatte. Friedrich, seit den 1530er-Jahren Anhänger der Reformation, wandte sich nach eigenen theologischen Studien der Lehre Calvins zu. Mit größter Selbstverständlichkeit beanspruchte er die Religionshoheit für sich und ging mit einer solchen Schärfe bei der Einführung der reformierten Lehre vor, dass das gerade erst im Augsburger Religionsfrieden von 1555 verankerte Reichssystem der Bikonfessionalität schwer erschüttert wurde und nicht nur der Kaiser und die katholischen Reichsstände, sondern auch lutherische Fürsten höchst beunruhigt waren.

Als Friedrich III. im März 1563 die Obere Pfalz besuchte, in der sein ältester Sohn Ludwig die Statthalterschaft führte, befürchteten die Landstände, er käme, um auch sein Nebenland dem Calvinismus zuzuführen. Die Landstände beanspruchten jedoch die Kompetenz in Religionsangelegenheiten für sich und verlangten als Gegenleistung für ihre Bereitschaft zur Übernahme der landesherrlichen Schulden eine Garantieerklärung für den Erhalt des Luthertums in der Kuroberpfalz. Selbstbewusst erklärten die Landesvertreter, sie würden sich an den Kaiser wenden, sollte sich der Kurfürst dazu nicht bereit erklären und die Einführung des Calvinismus erzwingen, denn die reformierte Lehre war nicht Bestandteil des Augsburger Religionsfriedens. Natürlich wollte sich Friedrich III. auf keinerlei Zugeständnisse einlassen und bestand auf der Einführung des Calvinismus, dem er auf dem Landtag 1566 zum Durchbruch verhelfen wollte.

Der Kurfürst ließ die ihn begleitenden calvinistischen Heidelberger Theologen vom 1. November bis 6. Dezember 1566 mit den lutherischen Pfarrern Ambergs diskutieren. Gefallen wird ihm das Ergebnis nicht haben, denn die Amberger Geistlichen waren den Heidelberger Calvinisten theologisch durchaus gewachsen. Problematisch wurde die Angelegenheit für Friedrich, als ein an den Landtag gerichtetes Schreiben des Kaisers eintraf, in dem er daran erinnerte, dass nur Katholiken und Lutheraner dem Augsburger Religionsfrieden unterstünden, nicht aber die Calvinisten. Die Warnung war deutlich. Der Kaiser hatte bereits ernsthaft erwogen, dem Pfälzer den Schutz des Friedens zu entziehen.

So erreichte Friedrich nicht viel mehr, als dass die lutherischen Prediger Amberg verlassen mussten – und das kurz vor Weihnachten. Die Einwohner der Hauptstadt schlossen sich zusammen, tobten und schimpften auf *die zwinglischen*, das heißt calvinistischen *Pfaffen und den zwinglischen Fürsten*. Als schließlich die Sturmglocke läutete, wurde die Situation so bedrohlich, dass der Kurfürst die zum Schloss führende Brücke hochziehen und Wachen aufstellen ließ. Lutherische Gottesdienste konnten an Weihnachten nicht gefeiert werden, aber alle Amberger waren eingeladen, an der calvinistischen

Weihnachtsfeier teilzunehmen. Zwang wurde nicht ausgeübt. Es kam niemand.

Am 20. Januar 1567 erließ Friedrich III. ein Religionsmandat, das die Liturgie im Sinne der reformierten Theologie ordnete und damit die Lehre Calvins in der Oberen Pfalz endgültig etablieren sollte. Das Vorgehen des Kurfürsten, dem Calvinismus durch Erlasse und Strafandrohungen den Weg zu ebnen, stieß auf heftigen Widerstand im Land. An der Spitze stand auf höchster Landesebene Kurprinz Ludwig, der Statthalter der Oberen Pfalz, die Kurfürstwitwe Dorothea, die jede calvinistische Bewegung in Neumarkt und ihren übrigen Ämtern unterdrückte und sich jegliche Einmischung des Kurfürsten verbat, und der jüngere Bruder Friedrichs, Pfalzgraf Richard, der seit 1556 das Kloster Waldsassen als Administrator leitete. Er machte sich zum Sprecher der oberpfälzischen Landstände und trat den calvinistischen Bestrebungen seines Bruders energisch entgegen. Angesichts dieser Opposition in der eigenen Familie war den Maßnahmen zur Durchsetzung der reformierten Lehre wenig Erfolg beschieden, selbst als der Bevölkerung mit Strafen bis hin zum Landesverweis gedroht wurde, falls sie nicht die calvinistischen Gottesdienste besuchte. Entmutigen ließen sich die Oberpfälzer kaum. So tauchten in Nabburg Flugblätter auf, auf denen mit dem Niederbrennen der Stadt gedroht wurde, falls *die zwinglerhund und ir secten* nicht verschwänden. Tatsächlich wurde zu aller Schrecken ein mit Pulver gefüllter Scheiterhaufen zur Explosion gebracht, als ein calvinistischer Pfarrer eingeführt werden sollte.

Erfreulich entwickelten sich für den Kurfürsten dagegen die Klöster, in denen reformierte Administratoren die Verwaltung innehatten. Aus Michelfeld (Lkr. Amberg-Sulzbach) kam diensteifrig eine Anfrage, was mit den Martersäulen auf den Fluren geschehen solle, und in Reichenbach (Lkr. Cham) war man bereit, nicht nur alles Bilderwerk zu entfernen, sondern auch die Wandgemälde zu übertünchen.

Dies waren minimale Erfolge, die dem vergeblichen Bemühen Friedrichs gegenüberstanden, den Calvinismus flächendeckend in der Oberen Pfalz einzuführen. Die landesherrliche Gewalt war an ihre Grenzen gestoßen. Das Luthertum, zwar arg bedrängt, hatte sich in der Zeit Friedrichs III. behaupten können.

Das konfessionelle Verwirrspiel geht weiter

Mit Erleichterung nahmen die Menschen im Oktober 1576 die Nachricht vom Tod Friedrichs III. und den Regierungsantritt des bisherigen Statthalters auf. Ludwig VI. wies unter großem Beifall der Bevölkerung umgehend sämtliche Calvinisten aus ihren Ämtern. Noch im Jahr seines Regierungsantritts schloss er das 1566 gegründete calvinistische Pädagogium in Amberg und eröffnete es ein Jahr später als lutherische Erziehungsanstalt. Natürlich mussten die Pfarrstellen neu mit Lutheranern besetzt werden. Dazu wurden aus Sachsen oder den umliegenden lutherischen Fürstentümern Geistliche gerufen. Zimperlich ging man mit den calvinistischen Predigern nicht um und setzte für das Verlassen der Pfarrhäuser höchst knappe Fristen. Hielten sich die Reformierten nicht daran, drohte man ihnen, ihren Plunder auf die Gasse zu werfen.

Die Regierungszeit Ludwigs VI. brachte jedoch nicht überall in der Oberen Pfalz eine Restauration des Luthertums, denn Kurfürst Friedrich III. hatte in seinem Testament seinem jüngeren Sohn Johann Casimir die Ämter Rötz, Waldmünchen, Neunburg v. W. und Burgtreswitz übertragen, und hier bestand das reformierte Kirchenwesen weiterhin. Johann Casimir baute es sogar noch aus. Nach dem Tod der Kurfürstwitwe Dorothea 1580 tauschte er die ihm übertragenen Ämter gegen einen Teil des Wittums Neumarkt und führte dort den Calvinismus mit rigiden Methoden ein. Seine ehemaligen Ämter fielen an Ludwig VI., der dort wiederum das Luthertum etablierte. Damit hatte das konfessionelle Verwirrspiel in der Oberen Pfalz seinen Höhepunkt erreicht, denn nach dem völlig unerwarteten Tod Ludwigs VI. 1583 ging hier die Zeit der Vorrangstellung des Luthertums zu Ende.

Johann Casimir übernahm die Vormundschaftsregierung für seinen minderjährigen Neffen Friedrich und verfolgte mit Härte und Konsequenz die Verbreitung der reformierten Lehre. Die Amberger Regierung und der Kirchenrat mussten eine Umbesetzung akzeptieren. Alle lutherischen Räte bis auf den Kanzler wurden entlassen und durch auswärtige Calvinisten ersetzt. Getroffen werden sollte das Luthertum vor allem durch die Schließung des Amberger Pädagogiums und die Ausweisung von Lehrern und Schülern. Gegen diese Maßnahmen regte sich umgehend Opposition. Schließlich rief man den Kaiser um Hilfe, der zunächst Unterstützung zusagte, dann aber die Zusage wieder zurückzog, da er sich nicht in territoriale Angelegenheiten einmischen wollte.

Nach dem Tod Johann Casimirs im Januar 1592 übernahm Friedrich IV. die Regierung, ein vergnügungssüchtiger junger Mann, der lieber trank und spielte, als sich um Politik zu kümmern. Ganz von der Erziehung seines Vormunds geprägt und von strengsten Calvinisten umgeben, ließ er keinen Zweifel, dass unter ihm die Calvinisierungsbestrebungen energisch fortgesetzt würden.

Das bekam auch das lutherische Neumarkt zu spüren, dessen Bewohner sich über ständige Verletzungen der Religionsfreiheit beklagt hatten und schließlich den Kaiser baten, er möge sie aus der Pfalz ausgliedern. Das konnte die Amberger Regierung natürlich nicht hinnehmen. Mit Waffengewalt schloss man die Stadt vom Hinterland ab und ging trotz eines kaiserlichen Schreibens hart gegen sie vor. Neumarkt verlor fast alle Autonomierechte und musste sich jetzt mit dem Calvinismus arrangieren.

Die Vorgänge in Neumarkt waren der Auftakt zu einer Welle gewalttätiger Ausschreitungen, die in den nächsten Monaten das gesamte Gebiet erfasste. Prominenteste Opfer waren der Waldsassener Stiftshauptmann Valentin Winsheim, der in Tirschenreuth *wie ein reudiger Hund* erschlagen wurde, weil er in Verdacht stand, trotz gegenteiliger Zusage den Calvinismus gewaltsam einführen zu wollen, und der Pfarrverwalter Sebastian Breitschedel, der in Nabburg gelyncht wurde, als er drohte, er würde die Stadt wegen ihrer Widersetzlichkeit gegen den Calvinismus am liebsten in Schutt und Asche legen lassen. Schwerste Unruhen gab es auch in Neumarkt, wo aufgebrachte Bürger eine Kanone auf das Schloss richteten, in das sich die kuroberpfälzische Regierung geflüchtet hatte, denn in Amberg war es zu tumultartigen Ausschreitungen gekommen, dem „Amberger Lärmen".

Die heidelbergtreue Regierung hatte die Bürger derart provoziert, dass selbst kurfürstliche Berater zur Mäßigung aufriefen. Die Stimmung erreichte ihren Siedepunkt, als die Anordnung eintraf, der verstorbene Johann Casimir sei von der Kanzel herab als *säule der kirche* zu preisen. Wegen des Gerüchts, die Regierung ziehe im Zusammenhang mit der Huldigungsanordnung Waffen im Schloss zusammen, griffen etwa 1400 Amberger ebenfalls zu den Waffen und brachen die Brücke zum Schloss ab. Die Haltung der Bürger der Regierung gegenüber wurde derart drohend, dass es ihr ratsam erschien, die Stadt zu verlassen.

Für Amberg hatte die Revolte letztendlich höchst unangenehme Folgen, denn Kurfürst Friedrich IV. konnte es nicht dulden, dass man ihn in seinen Rechten *vielweg abzuzwacken understanden* habe und vom *gemeinen pöbel der burgerschafft zu Amberg* bedroht zu werden. Die *boshafftige verleitung* der Bürger führte schließlich erneut zu einer spürbaren Beschneidung ihrer Autonomierechte.

Für den Bestand des Luthertums hingegen waren die Aufstände ein Erfolg, auch wenn die Nabburger und Tirschenreuther harte Strafen hinnehmen mussten. Die Berufung lutherischer Pfarrer wurde wieder offiziell gestattet und dem Luthertum insgesamt mehr Spielraum zugestanden – zumindest kurzfristig. Denn auf die Länge der Zeit hatte die Heidelberger Regierung nicht vor, ihren einmal eingeschlagenen Pfad zu verlassen und den Untertanen auch nur ansatzweise Glaubensfreiheit zu gewähren

Die Calvinisierung der Oberen Pfalz

1595 wurde Christian I. von Anhalt-Bernburg Statthalter der Oberen Pfalz. Erklärtes Ziel Kurfürst Friedrichs IV. und seines Administrators war es, die Calvinisierungsbestrebungen wieder zu intensivieren und dem reformierten Glauben nun endgültig zum Durchbruch zu verhelfen. Christian von Anhalt ging zur Erreichung dieses Ziels entschieden planmäßiger vor, als es in der Vergangenheit geschehen war. Der Amberger Widerstand wurde durch die Zerschlagung der bisherigen Ratsoligarchie ausgeschaltet. Äußerst geschickt konzentrierte man sich dabei auf das Geschäftsgebaren der Amberger Oberschicht, die die Zinnblech-Handelsgesellschaft beherrschte, um von der religiösen Motivation abzulenken. Im August 1597 wurden Bürgermeister und Rat beschuldigt, mit der Stadtkasse und der Handelsgesellschaft Misswirtschaft getrieben zu haben. Die Schlüssel der Stadtkasse wurden kurzerhand eingezogen und reformierte Mitglieder der Regierung erhielten die Mehrheit in der Leitung der Gesellschaft. Zwei Monate später folgte eine landesherrliche Verfügung, mit der der Rat seines Amtes enthoben und unter deutlicher Bevorzugung der calvinistischen Minderheit neu besetzt wurde. Lutherische Geistliche mussten nun erneut die Stadt verlassen. Der Stadtsyndikus Paul Dienstbeck, stärkster Rückhalt der städtischen Oppositionellen und zugleich Zentralfigur des Widerstands der Landstände, wurde durch den Heidelberger Reformierten Dr. Johann Friedrich Gernand ersetzt. Damit war Amberg als Zentrum und Wortführer der lutherischen Gegenpartei in der Oberen Pfalz ausgeschaltet und auch die Gegnerschaft der Landstände war gebrochen. Das Luthertum rangierte nun in einer völlig untergeordneten Position ohne politischen Rückhalt.

Als Christian von Anhalt dieses Ziel erreicht hatte, versuchte er, die Oberpfälzer mit einer Mischung aus Lockungen und Drohungen zum Calvinismus hinzuführen. Wollte man etwas werden in der Oberen Pfalz, musste man Calvinist sein. Vor allem das Amberger Pädagogium eröffnete gute Aufstiegschancen, aber eben nur für Reformierte. Die wichtigsten Stellen im administrativen und kirchlichen Bereich wurden mit Calvinisten besetzt, sodass auch die Landstände immer mehr Calvinisten aufwiesen, denn die Administratoren der Oberpfälzer Klöster waren reformiert.

Der staatliche Druck steigerte sich auf allen Ebenen ungeachtet der Tatsache, dass der reformierte Glaube in der Oberpfälzer Bevölkerung keine tiefen Wurzeln schlagen konnte. Dazu trugen ganz sicher die äußerst rigorosen Repressalien zur Durchsetzung der calvinistischen Kirchenzucht bei. So kontrollierte der Amtsknecht von Roding (Lkr. Cham) den Ort peinlich genau, um festzustellen, ob jeder dem kurfürstlichen Mandat nachkam und den Gottesdienst besuchte. Wer es nicht tat, wurde angezeigt.

Das Amberger Pädagogium wurde 1566 als calvinistische Kaderschmiede gegründet. Heute befindet sich in der Anlage das Stadttheater.

Die Verurteilung der überkommenen Formen der Frömmigkeit als Götzendienst, die Rigorosität in der Lebensführung, die drastischen Eingriffe in das Alltagsleben – was sollte ein Oberpfälzer von einem Wirtshaus halten, das nun zum Erbauungslokal umfunktioniert wurde – und die unnachsichtige Bestrafung menschlicher Unzulänglichkeiten führten fast zwangsläufig zur Ablehnung des „Fürstenglaubens". Die Härte des behördlichen Vorgehens tat ein Übriges. Wenn der Auerbacher Stadtschreiber der Regierung stolz melden konnte, in der Stadt gebe es nun keine Ehebrecher mehr und die obrigkeitlichen Mandate würden peinlich genau eingehalten, dann steckte nichts anderes als brutaler Zwang dahinter, denn die Zuwiderhandelnden wurden *dapfer gehenket, geköpfet und usgehoben.*

Ungeachtet des inneren Widerstandes der Bevölkerung hätte der Calvinismus unter der konsequenten Führung Christians von Anhalt vermutlich die Oberhand gewonnen. Er überschätzte jedoch trotz seiner außerordentlichen politischen Begabung die Kräfte der Kurpfalz in hohem Maße. Christian wurde seit dem Aufenthalt Kurfürst Friedrichs IV. (1596–98) in der Oberen Pfalz zwar zum maßgeblichen Gestalter der kurpfälzischen Politik in den letzten beiden Jahrzehnten vor Beginn des Dreißigjährigen Krieges. Doch als der junge und unerfahrene Nachfolger Friedrichs IV., Kurfürst Friedrich V., 1619 die böhmische Königskrone annahm, wurde der Bogen der politischen Möglichkeiten überspannt und die Kurpfalz in eine Katastrophe ohnegleichen gestürzt. Die Niederlage in der Schlacht am Weißen Berg bei Prag am 8. November 1620 war auch eine persönliche Niederlage Christians, der nicht nur die kurpfälzische Politik bis zu diesem Punkt geführt hatte, sondern als Oberbefehlshaber die böhmischen und pfälzischen Truppen persönlich befehligte. Der Zusammenbruch der Kurpfalz nach 1620 und die erzwungene Rückkehr der Oberen Pfalz zur alten Kirche beendete das Kapitel Calvinismus hier endgültig.

Von *fantasei* und *aberglauben* – Hexenverfolgung in der Oberpfalz

Der Historiker Hugh Trevor-Roper schrieb, „die Universität Heidelberg verdient besondere Anerkennung, da sie in einem streng calvinistischen Land die Maßstäbe der Kritik beibehielt. 1585 oder kurz vorher widersetzte sich die juristische Fakultät der Todesstrafe bei Hexerei und führte aus, es sei *billicher* [Hexen] *zu Seelsorgern zu führen denn zu Martern und zum Tode*".

In der zweiten Hälfte des 15. und in der ersten Hälfte des 16. Jahrhunderts hatten sich die pfälzischen Kurfürsten noch ganz dem Trend der Zeit gebeugt und in bemerkenswerter Prozesstätigkeit die Ausrottung des Hexenwesens betrieben. Zu Beginn der 1560er-Jahre, als in Südwestdeutschland die erste große Welle der frühneuzeitlichen Hexenverfolgung begann, wandte sich die Kurpfalz von der allgemeinen Entwicklung ab und nahm eine eindeutig verfolgungsablehnende Haltung ein. Hexenverbrennungen gab es hier nicht.

In der Oberen Pfalz loderte unter pfälzischer Regierung weder im späten Mittelalter noch in der frühen Neuzeit auch nur ein Scheiterhaufen. Erst als das Gebiet unter bayerische Herrschaft kam, fanden ab 1655 auch hier Hinrichtungen statt.

Betrachtet man die fränkische Nachbarschaft müssen sich die Oberpfälzer geradezu auf einer Insel der Glückseligen gewähnt haben. Das fürchterliche Wüten vor allem der Bamberger Fürstbischöfe gegen *die hochschändlichen Personen, so mit der Zauberey und teuflischem Truttenwerk* (Hexenwerk) *behaftet sind*, kostete tausenden von Männern, Frauen und Kindern das Leben. Von derartiger Raserei blieben die Oberpfälzer völlig verschont. Es gab keine Tendenzen, Hexen oder Zauberer als Sündenböcke für das Auftreten von Seuchen, Unwettern oder Missernten verantwortlich zu machen, obwohl Lutheraner und Calvinisten die Existenz von Hexen nicht bezweifelten. Die Regierung untersuchte die Fälle und setzte Verdächtige in Haft, „doch loderte kein Scheiterhaufen auf, um die Opfer solchen Wahnes zu verzehren."

Die Amberger Verwaltung kommentierte 1572 einen Hexenprozess in Waldmünchen mit folgenden Worten: Es *gibt die erfahrenheit, daß diese armen Weiber aus geschöpfter fantasei und aberglauben sich selbsten, bisweilen ungutlich beschuldigen, die Obrigkeit anfüren und andere leut betören.* Das Hexenwesen tat man in geradezu aufklärerischer Manier als Phantasie und Aberglaube ab. Deshalb sparten die Regierungsverantwortlichen nicht mit Ermahnungen an den Prozessführer, sich keinesfalls selbst in den Aberglauben zu verstricken und entschieden das Recht zu verfolgen.

Diese Haltung wirkte sich auch auf die ehemals reichsunmittelbare Abtei Waldsassen und das Stiftland aus, das seit der Flucht des Abtes nach Eger im Jahr 1525 auf dem Weg zur Landsassigkeit war und schließlich in das Territorium der Kuroberpfalz integriert wurde. Schon zur Zeit der Herrschaft der Äbte gab es wohl keine Hexenprozesse im Stiftland. Und die kuroberpfälzischen Administratoren hielten sich in Sachen Hexenverfolgung völlig zurück. So hatte die Feststellung eines Visitators in Wondreb (Stadt Tirschenreuth), eine Frau habe den Hammer eines Hammermeisters behext und eine andere Zauberin habe durch einen Gegenzauber alles wieder bereinigt, kein gerichtliches Nachspiel. In anderen Regionen hätte diese

Aussage genügt, um einen Prozess mit wahrscheinlich tödlichem Ende für die Angeklagte in Gang zu bringen.

Auch in der Herrschaft Neustadt-Störnstein, deren Mittelpunkt Neustadt a. d. Waldnaab bildete, konnten die Menschen ohne Angst leben. In dem kleinen Territorium, das 1540 der streng lutherische Georg von Heideck erworben hatte, übernahmen 1562 die in Böhmen beheimateten Lobkowitz die Herrschaft. Der Kaiser wollte sich für treue Dienste dem Haus Habsburg gegenüber und wohl auch für das Festhalten am alten Glauben erkenntlich zeigen. Allerdings ging die Liebe nicht so weit, die Lobkowitzer mit einem Gebiet innerhalb Böhmens zu belohnen. Hier bot sich die Herrschaft Neustadt-Störnstein geradezu an, war sie doch Lehen der Krone Böhmens und lag außerhalb des böhmischen Territoriums.

Obwohl die Lobkowitz streng katholisch waren, zeigten sie sich in Religionsfragen erstaunlich tolerant. 1563 wurde in einer Neustädter Stadtverordnung den Bürgern Freiheit der Religion zugesichert. Genauso human waren die Böhmen in Hexenfragen. In den umfangreichen Lobkowitz'schen Kanzleiakten finden sich keine Hinweise auf Hexenprozesse in ihrer oberpfälzischen Herrschaft.

Völlig anders sah es in Pfalz-Neuburg aus. Hier gab es schon seit 1538 Prozesse. Die frühzeitige Beschäftigung mit dem Hexenwesen korrespondierte mit den im Umland des Neuburger Kerngebiets liegenden Zentren der frühen Hexenverfolgung Ellwangen, Nördlingen, Dillingen und Donauwörth. Insgesamt entwickelte sich eine „Tradition" der Hexenverfolgung, die immer mehr Auftrieb erhielt, als sich zu Beginn des 17. Jahrhunderts die Hexenfurcht beträchtlich steigerte. 1613 kam es in Burglengenfeld (Lkr. Schwandorf), 1617 in Laaber und Hemau (Lkr. Regensburg) zu Prozessen. In Laaber wurde Maria Fürterin verbrannt, in Hemau richtete man fünf Hexen hin. Eine der Frauen wurde auf dem Scheiterhaufen erdrosselt, drei in einen Pulversack gesteckt und lebendig verbrannt, eine auf dem Scheiterhaufen enthauptet und dann verbrannt. Es hätte eines mäßigenden Landesherrn bedurft, um dem Hexenwahn entgegenzutreten. Wolfgang Wilhelm von Pfalz-Neuburg tat dies nicht. Ob es daran lag, dass er katholisch geworden war?

Die Erben Pfalz-Neuburgs

Schon 1553 hatte Ottheinrich I. von Pfalz-Neuburg für den Fall seines kinderlosen Todes mit seinem Vetter und Hauptgläubiger Wolfgang von Pfalz-Zweibrücken, einem überzeugten Lutheraner, eine Nachfolgeregelung vereinbart. 1557 trat er ihm Pfalz-Neuburg dann endgültig ab. Wolfgang wandte sich im Sinn Ottheinrichs entschlossen gegen die Lehre der Schweizer Reformierten. Dies brachte ihn in entschiedene Gegnerschaft zu seinem kurfürstlichen Verwandten Friedrich III., den er als Calvinisten aus dem Religionsfrieden drängen wollte. Doch ein gemeinsames Interesse führte die zunächst unversöhnlichen Kontrahenten zusammen. Es war der Wunsch, den bedrängten Hugenotten zu Hilfe zu kommen. Wolfgang hoffte darüber hinaus auf materiellen Gewinn und auf Kriegsruhm. Beides blieb ihm versagt. Er starb 1569 und hinterließ seinen Ländern erhebliche Schulden, die er für die Ausrüstung der Truppen und auf dem Feldzug für die Hugenotten-Partei gemacht hatte.

Wolfgangs Testament trennte die junge Pfalz vom Herzogtum Zweibrücken. In Neuburg folgte der älteste Sohn Philipp Ludwig nach. Die jüngeren Söhne erhielten ebenfalls eigene Herrschaften, jedoch unter der Oberhoheit von Neuburg oder Zweibrücken. An Ottheinrich II. ging in der Oberpfalz das Amt Sulzbach und an Friedrich Floß, Vohenstrauß und der neuburgische Anteil von Parkstein-Weiden. Da beide ohne männliche Nachkommen verstarben, fielen 1597 die Besitzungen Friedrichs und 1604 die Ottheinrichs an Philipp Ludwig.

Mit Philipp Ludwig begann eine Phase der inneren Konsolidierung des Landes. Es gelang ihm, mit Hilfe der Landstände das Fürstentum vor dem finanziellen Ruin zu bewahren und durch seine Ehe mit Anna von Jülich-Kleve-Berg die Anwartschaft auf eine reiche Erbschaft zu schaffen. Beider Sohn Wolfgang Wilhelm konnte den im Jahr 1609 einsetzenden Erbfolgestreit um die niederrheinischen Herzogtümer in weiten Teilen für sich entscheiden. Voraussetzung dafür war jedoch die Unterstützung durch einen mächtigen Verbündeten, nämlich Bayern. Doch diese Unterstützung erhielt der Pfalzgraf nicht ohne Gegenleistung: Wolfgang Wilhelm konvertierte – zunächst heimlich – zum Katholizismus und gewann damit die Hand der Schwester Herzog Maximilians von Bayern. Seinen Vater traf die Entscheidung Wolfgang Wilhelms tief. Philipp Ludwig versuchte, einen Religionswechsel in Pfalz-Neuburg testamentarisch zu verhindern, indem er seinen Sohn für den Fall des Wechsels enterbte. Gelungen ist ihm dies nicht. Nach dem Tod des Vaters 1614 ging Wolfgang Wilhelm vorsichtig und schrittweise die Katholisierung Pfalz-Neuburgs an. 1617/19 ließ er die lutherischen Pfarrer ausweisen und hob die zugesagte Parität auf. Nicht wenige Einwohner Pfalz-Neuburgs emigrierten daraufhin. Um den heimatlos Gewordenen zu helfen, hatte die kuroberpfälzische Regierung sogar die Absicht, vor den Toren Regensburgs eine eigene Stadt zu gründen.

Nach dem Regierungsantritt Wolfgang Wilhelms entwickelte sich das orthodox-lutherische Musterland Pfalz-Neuburg zu einem Bollwerk der Gegenreformation. Natürlich erwartete Wolfgang Wilhelm, dies würde sich für ihn auch politisch auszahlen. Doch seine Hoffnungen erfüllten sich nicht. Sein mächtiger Schwager schnappte ihm das Objekt der Begierde, die Kuroberpfalz samt der Kurwürde, auf die Wolfgang Wilhelm glaubte, einen größeren Anspruch zu haben, vor der Nase weg.

Die Obere Pfalz wird bayerisch ...

Christian I. von Anhalt, in dessen Händen die Fäden der kurpfälzischen Politik zusammenliefen, bemühte sich besonders um den Aufbau eines antikatholischen Blocks im Reich. 1608 schlossen sich lutherische und reformierte Landesfürsten unter der Führung der Kurpfalz zur „Union“, einem militärischen und politischen Bündnis, zusammen. Die katholische Seite reagierte umgehend und etablierte 1609 unter der Leitung des bayerischen Herzogs Maximilian I. ein Gegenbündnis, die „Liga“.

Mit Liga und Union bekam der neuerliche Konfessionsstreit, ausgelöst durch die rigoros betriebene Gegenreformation und das gegenseitige konfessionelle Abschotten, ein militärisches Gesicht. Die nicht zu überbrückenden Gegensätze mussten unweigerlich in einen Krieg münden, der von Böhmen ausgehen sollte. Hier hatte Christian von Anhalt die Finger im Spiel. Er knüpfte Beziehungen zu den österreichischen und böhmischen Ständen, um die Nachfolge Erzherzog Ferdinands von Steiermark in Böhmen und im Reich zu verhindern. Ferdinand wurde zwar 1617 zum böhmischen König gewählt, doch schon zwei Jahre später wegen tiefer Unstimmigkeiten mit dem böhmischen Adel abgesetzt. An seiner Stelle wählte der Landtag das Haupt der Union, Kurfürst Friedrich V., zum König. Im Herbst 1619 zog Friedrich in Prag ein und wurde gekrönt.

Das Abenteuer Böhmen nahm für Friedrich alles andere als einen guten Verlauf. Es fehlte ihm auf breiter Front an Unterstützung. Mit seinen böhmischen Untertanen überwarf er sich wegen seiner steten Bevorzugung der Reformierten, wegen seiner gewaltsamen Versuche der Einführung calvinistischer Kirchenzucht, wegen seiner Absicht, die Pfarreien mit reformierten Predigern zu besetzen und nicht zuletzt wegen der Bilderstürmerei im Wahrzeichen Prags, dem Veitsdom. Und Friedrichs Mitstreiter in der Union konnten sich nicht zu tatkräftiger Hilfe aufraffen, genauso wenig wie die verbündeten Generalstaaten und England.

Die kaiserlichen und ligistischen Truppen hatten es deshalb nicht allzu schwer, das böhmisch-pfälzische Heer am Weißen Berg zu stellen und zu schlagen. In kurzer Zeit war die Herrschaft Friedrichs, dem kein Ausweg außer der Flucht blieb, in Böhmen zusammengebrochen. Zwei Monate nach seiner Niederlage wurde die Reichsacht über den „Winterkönig“ verhängt.

Im Frühjahr 1621 sammelte der Söldnerführer Peter Ernst von Mansfeld in Friedrichs Auftrag neue Truppen und stationierte sie in der nördlichen Oberpfalz. Bei Waidhaus (Lkr. Neustadt/Waldnaab) bezogen sie ein befestigtes Lager, das Tilly vergeblich berannte. Als Herzog Maximilian von Straubing aus nach Cham vorrückte und die Stadt nach kurzer Belagerung einnahm, dirigierte Mansfeld seine Truppen nach Westen, sodass sich Tillys und Maximilians Einheiten nach der Besetzung Neunburgs v. W. im Naabtal vereinigen konnten. Als sie Amberg und schließlich auch Neumarkt erreichten, war die Herrschaft der Kurpfalz über die Obere Pfalz beendet. Die

Stände mussten auf kaiserliche Anordnung dem bayerischen Herzog huldigen, der Johann Christoph von Preysing als Statthalter nach Amberg entsandte.

Für das Schicksal der Oberen Pfalz waren die Verhandlungen um die Friedrich V. aberkannte Kurwürde und um die Entschädigung für die Kriegskosten von größter Bedeutung. Schon vor Beginn der militärischen Aktionen in der Oberen Pfalz hatte der Kaiser dem bayerischen Herzog Rang und Amt des Kurfürsten bindend zugesagt. 1628 erklärte Ferdinand II. dann die Erblichkeit der Belehnung mit der Kur für das Haus Bayern. Dazu erhielt Maximilian die Obere Pfalz endgültig als Entschädigung für die Kriegskosten. Aus dem ehemals kurpfälzischen Gebiet waren schon 1625 Stadt und Amt Cham – seit 1352 an die Kurpfalz verpfändet – an Bayern zurückgefallen. Die aus dem Kondominium Parkstein-Weiden stammenden pfälzischen Rechte und das Amt Pleystein gingen an Pfalz-Neuburg und an den Bruder Maximilians, Herzog Albrecht. Er konnte ein weiteres Territorium für Bayern gewinnen. Als 1646 der letzte Leuchtenberger starb, verlieh ihm der Kaiser das landgräfliche Gebiet. Den damit verbundenen Titel führten die Herzöge, Kurfürsten und der erste bayerische König bis 1817.

Zimperlich ging Maximilian mit seinen neuen Untertanen nicht um: „Sie alle hausten wie Barbaren. Das ganze Land war ohnehin schon von den Mansfeldischen Truppen ausgeraubt und ganz und gar ausgesaugt worden. Die Bürger seufzten unter dem Druck der Soldateska, die von ihnen vollständig ernährt werden musste. Maximilian kannte keinerlei Rücksicht. Er behandelte die Oberpfalz als ein erobertes feindliches Land und betrachtete ihre Bewohner als Rebellen“, schrieb ein Chronist.

Not und Bedrängnis der Menschen sollten im Laufe des Dreißigjährigen Krieges ungeheure Ausmaße annehmen: „Es kam noch viel Schrecklicheres, denn noch verheerender war der Durchzug von etwa 9000 Kosaken aus Polen, welche der Kaiser zur Verstärkung seiner Armee an den Rhein sandte und die durch Auerbach marschierten. Weil sie in dem verheerten Lande keine Lebensmittel, sondern nur leere Häuser und unbewohnte Dörfer fanden, kannte die Barbarenwut keine Grenze. Diese wilde Horde kam auf ihrem Rückzug wieder in diese

Gegend und verübte wieder unsägliche Greuel.“ Am ärgsten hausten ausländische Truppen, wie die hier beschriebenen Kosaken, die 1622 zweimal durch die Oberpfalz zogen, oder die Schweden: „Die Unholde gossen nach vorheriger Knebelung den armen Opfern solange Jauche in den Mund, bis sie erstickten.“ „Schwedentrunk“ nannte man diese Grausamkeit.

Jahrzehntelang wiederholten sich Plünderungen, Durchmärsche, Einquartierungen, Brandschatzungen. Zahllose Menschen verließen aus Angst vor den Söldnertruppen, gleichgültig ob Feind oder Freund, ihre Heimat. Stets war zu befürchten, dass sie ausgeraubt, misshandelt, ermordet wurden. Den Rest erledigte die Pest. In Amberg, das im Dreißigjährigen Krieg nie erobert wurde, starben im Sommer 1634 bis zu 40 Menschen täglich an der Seuche. In Waldmünchen, ab 1621 von Durchmärschen heimgesucht und systematisch ausgeplündert, erlagen zwei Drittel der etwa 1000 Einwohner der Pest. Am Ende des Krieges standen nur noch Brandruinen in der menschenleeren Stadt.

Der Kanonier von Weidlwang

Während des Dreißigjährigen Krieges hatte auch das kleine Dorf Weidlwang (Stadt Auerbach, Lkr. Amberg-Sulzbach) unter den folternden, mordenden und plündernden Soldatenhorden zu leiden. 1635 rückten wieder einmal Truppen an. Es waren die für ihre Grausamkeiten bekannten Schweden. Im Ort befand sich noch ein verletzter kaiserlicher Soldat, der den Weidlwangern in ihrer Not zu einer List riet. Er schlug den verzweifelten Bewohnern vor, einen Pflug und ein hölzernes Rohr als Kanonenattrappe auf dem markanten Felsen über dem Dorf aufzustellen. Die Schweden ließen sich tatsächlich täuschen, denn die vermeintliche Geschützstellung wies Weidlwang als gut gerüsteten und bewachten Ort aus, und so machten sie einen weiten Bogen um das Dorf. Die Bewohner waren gerettet – zumindest für dieses Mal. Als der Krieg vorbei war, wurden noch vier Anwesen im Dorf bewirtschaftet, die restlichen waren *öd und abgeprent*.

Ein Jahr nach Kriegsende stellten die Weidlwanger zur Erinnerung an den verwundeten Soldaten, dessen guter Rat sie gerettet hatte, einen überlebensgroßen hölzernen Soldaten in bayerischer Uni-

Der „Kanonier von Weidlwang" erinnert an die Rettung des Dorfes vor schwedischen Übergriffen im Dreißigjährigen Krieg.

form mit Kanone und Fahne auf den Felsen. Über die Jahrhunderte wurde er immer wieder restauriert oder ganz erneuert. 1912 gründeten die Weidlwanger schließlich den „Kanonierverschönerungsverein" zur Erhaltung des Dorfwahrzeichens. Zu seinem 90-jährigen Bestehen beschloss der Verein eine „Wachablösung". Im Juli 2002 hievte ein Hubschrauber einen neuen, drei Meter hohen und 800 Kilogramm schweren Kanonier auf den Felsen, auf dass er seinen Wachdienst „als Mahnmal des Friedens", wie Landrat Armin Nentwig bei der Feier sagte, für die nächsten Jahrzehnte antrete.

… und katholisch

Maximilian von Bayern konnte sich nach dem Krieg kaum als Sieger fühlen, auch wenn er mit einer Standeserhöhung und territorialen Gewinnen aus dem Ringen hervorging. Das Land, das er gewonnen hatte, war ruiniert, noch schlimmer als Bayern, und bedurfte eines langen, mühsamen Aufbaus. Eines war ihm jedoch bereits gelungen: Die Rekatholisierung seines neuen Territoriums.

Als Herzog Maximilian 1621 mit seinen Truppen die Kuroberpfalz besetzte, begleiteten zwei Jesuiten als Beichtväter und Feldgeistliche das Heer. Die ersten katholischen Gottesdienste wurden von Jesuitenpatres in Amberg in einem Saal des kurfürstlichen Schlosses abgehalten, denn die Amberger Kirchen waren noch im Besitz der Protestanten. Ende 1621 kamen aus Ingolstadt sieben weitere Jesuiten zur Betreuung des Heeres, aber auch zur Missionierung. Sie begannen ihre Tätigkeit in Amberg, Neumarkt und Cham, später erweiterten sie ihr Betätigungsfeld und arbeiteten in Hirschau, Nabburg, Auerbach, Pressath und Kemnath. Im Laufe der folgenden Jahre übernahmen die Jesuiten die vormals calvinistischen und lutherischen Kirchen, das Pädagogium in Amberg und die Schulen in Neumarkt und Cham, die Pflanzstätten der protestantischen Elite waren. Ab 1624/25 wurden Neumarkt, Cham, Kemnath und Tirschenreuth zu „Missionsstationen" erhoben. Dass frei gewordene Pfarrstellen nur noch katholisch besetzt wurden, versteht sich von selbst. Ab 1626 wurden calvinistische Prediger des Landes verwiesen.

Die Jesuiten, die zu ihrem Unterhalt die Einkünfte des Klosters Reichenbach und später das ehemalige Stift Kastl erhielten, fanden rasch regen Zuspruch, ohne jedoch die erhoffte freiwillige Konversion der Oberpfälzer herbeiführen zu können. Die Menschen wurden von der Gelehrsamkeit, der asketischen Selbstdisziplin und der tiefen Frommigkeit der Jesuiten angezogen, die ihnen die katholische Lehre nicht nur im Wort Gottes verkündeten, sondern sie ihnen auch mit Spielen und bildlichen Darstellungen, dem *theatrum sanctum*, nahebrachten – eine faszinierende Gegenwelt zu den höchst nüchternen Vorstellungen des Calvinismus und Luthertums.

Trotz einiger Bekehrungserfolge war abzusehen, dass der von den Jesuiten eingeleiteten katholischen Reform ohne Eingriffe des Landesherrn kein Erfolg beschieden sein würde. 1622 zählte man in Amberg 24 Bekehrte, drei Jahre später waren es 74. Nach der Belehnung mit der ehemaligen Kuroberpfalz – erst jetzt war Kurfürst Maximilian tatsächlich Landesherr geworden – konnte er dann rigoros gegen Nicht-Katholiken in seinem neuen Territorium vorgehen. Am 27. April 1628 erließ er ein Religionspatent, in dem er den katholischen Glauben zur einzig erlaubten Konfession erklärte und Protestanten vor die Alternative des Glaubenswechsels oder der Auswanderung innerhalb eines halben Jahres stellte. Die Untertanen hatten ab sofort an Unterweisungen katholischer Geistlicher teilzunehmen, die Konvertitenlisten führten.

Durchaus erfolgreich lief die Rekatholisierung im Stiftland an. Zumindest der Pfleger von Tirschenreuth konnte schon im März 1629 melden, dass sich mit ganz wenigen Ausnahmen keine *unkatholischen unterthan* in der Stadt befänden, obwohl die Konvertierten Angst hätten, es würde ihnen *übel ergehn*, sollte doch die Union gewinnen.

Sehr belastend waren für die Bevölkerung die ständigen Einquartierungen, nicht nur finanziell. In allen größeren Städten des Landes wurden Truppenkontingente stationiert und die Soldaten in den Häusern der Bürger untergebracht, die für den gesamten Lebensunterhalt der Soldaten und des mitreisenden Trosses, häufig Familienangehörige, sorgen mussten. Die Soldaten hatten den Auftrag, auf die religiöse und politische Gesinnung ihrer Quartiergeber zu achten und im Fall irgendwelcher Auffälligkeiten Meldung zu machen. Es lässt sich denken, dass das Verhältnis zwischen beiden Seiten nicht ohne Spannungen blieb, vor allem als nach dem Erlass des Religionspatents katholische Soldaten bevorzugt bei nicht katholischen Bürgern untergebracht wurden, um deren Katholisierung Nachdruck zu verleihen. Wer sich weigerte katholisch zu werden, hatte das Land zu verlassen, musste sein gesamtes Hab und Gut verkaufen und vom Erlös zehn Prozent als „Nachsteuer" an das kurfürstliche Kastenamt entrichten.

Das galt auch für Adelige. 1630 waren 93 Adelsfamilien bekannt, die emigrieren wollten, und ebenso viele, die sich zum katholischen Glauben bekannten. Zentren des adeligen Widerstandes waren die Landgerichte Nabburg, Waldeck, Neunburg und Auerbach, die allein 63 Prozent der Nichtzubekehrenden stellten. Nicht wenige Adelige umgingen das Verkaufsgebot, indem sie auf auswärtige Güter auswichen und ihren oberpfälzischen Besitz einem konvertierten Familienmitglied überließen. So konnte die Gutsherrin von Weihersberg bei Pressath (Lkr. Neustadt/Waldnaab), die streng am Luthertum festhielt, ihren Besitz in der Familie halten, indem sie ihn ihrem Schwiegersohn, einem Hirschberger, übertrug. In der Familie der Hirschberger selbst waren von zwei Brüdern, die gemeinsam das große Landsassengut Ebnath (Lkr. Tirschenreuth) besaßen, der eine nach Wunsiedel emigriert, der andere blieb im Lande und verwaltete die Güter des Bruders mit. Der Besitz blieb auch hier in der Familie.

Bücherverbrennung

Um den Protestanten die häusliche Bibellesung und die Beschäftigung mit protestantischem Gedankengut unmöglich zu machen, wurden nichtkatholische Schriften konfisziert und den Jesuiten übergeben. Nach dem Diarium (Tagebuch) des Amberger Jesuitengymnasiums erhielten die Schüler am 29. Januar 1630 vormittags schulfrei, um einer Bücherverbrennung zuzuschauen. Die in den vorhergegangenen Jahren gesammelten „unkatholischen" Bücher wurden, nachdem die Jesuiten die für sie geeigneten Werke aussortiert hatten, in Amberg und auch an anderen Orten verbrannt. Weit über 10 000 Bücher, größtenteils aus dem Besitz von Bauern und Handwerkern, wurden vernichtet. Der Beseitigung der schriftlichen Zeugnisse des Protestantismus kam eine Schlüsselstellung zu. Die geistigen Grundlagen des Calvinismus und des Luthertums mussten beseitigt werden, um der endgültigen Rekatholisierung den Weg frei zu machen.

Am Ende des großen Krieges stand jedoch zu befürchten, dass Maximilians und der Jesuiten Anstrengungen völlig vergeblich waren. In den Friedensverhandlungen war festgelegt worden, dass der 1. Januar 1624 als Stichtag für das religiöse Bekenntnis eines Landes maßgebend sein sollte. Für den Kurfürsten hätte dies bedeutet, den Protestantismus als gleichberechtigt mit der katholischen Kirche anerkennen zu müssen. Maximilian ließ durch seinen Vertreter erklären, er setze lieber Land,

Leib und Leben daran, als Protestanten in der Oberen Pfalz zu dulden. Noch 1650 wurde um diese Frage gestritten, doch der Kurfürst gab nicht nach und setzte schließlich seinen Willen durch. Das so genannte Normaljahr galt damit für die kurbayerische Oberpfalz nicht.

Die Festlegung des Normaljahres 1624 war bei den Friedensverhandlungen in Osnabrück durch die evangelischen Stände betrieben worden. Ganz besonders hatte sich Christian August von Pfalz-Sulzbach dafür eingesetzt, ein Neffe des katholisch gewordenen Wolfgang Wilhelm von Pfalz-Neuburg.

Gegenreformation in Sulzbach

Wolfgang Wilhelms Vater Philipp Ludwig hatte in seinem Testament nicht nur bestimmt, dass die Herrschaft in Pfalz-Neuburg an seinen ältesten Sohn übergehen solle, sondern auch, dass Sulzbach mit Flossenbürg und Vohenstrauß sowie der pfalz-neuburgische Anteil am Gemeinschaftsamt Parkstein-Weiden einem seiner beiden jüngeren Söhne, August oder Johann Friedrich, zustehe. August entschied sich für die Herrschaft in der mittleren Oberpfalz und zog im August 1615 in Sulzbach ein. Selbstständig war August, der dem lutherischen Glauben treu geblieben war, jedoch nicht. Pfalz-Sulzbach war ein von Neuburg abhängiges Deputatfürstentum mit beschränkten landesherrlichen Rechten. Die Kirchenhoheit lag bei Wolfgang Wilhelm, nach dessen Willen auch in Sulzbach die Gegenreformation durchgeführt werden sollte.

August verfolgte die gegenreformatorischen Vorgänge in Neuburg sicher mit ängstlicher Spannung und versuchte in den Jahren, in denen Sulzbach noch von den Rekatholisierungsmaßnahmen verschont blieb, seine Herrschaft und auch die lutherische Konfession zu stabilisieren. Dazu nahm er Kontakt zu evangelischen Reichsfürsten auf. Nur der pfälzische Kurfürst Friedrich V. und der Markgraf von Brandenburg-Ansbach versprachen Unterstützung.

Aus den Ereignissen der Jahre 1620/21, der Schlacht am Weißen Berg und der Besetzung der Kuroberpfalz durch Maximilian I., ging der Katholizismus gestärkt hervor. Das Herrschaftsgebiet Maximilians reichte nun bis in die unmittelbare Nachbarschaft Sulzbachs. Durch die neue Machtsituation wurde natürlich auch die Position Wolfgang Wilhelms gefestigt, der Maximilian als Beschützer und Förderer hinter sich wusste. Trotzdem dauerte es noch einige Jahre bis sich Wolfgang Wilhelm auf eine offene Konfrontation mit seinem Bruder einließ.

In der Zwischenzeit bemühte sich August um die wirtschaftliche und kulturelle Förderung Sulzbachs. Zur Sicherung der Stadt ließ er sie mit einem Wall umgeben. Ein wichtiges Anliegen war ihm die Gründung eines evangelischen Gymnasiums, das er mit namhaften Professoren besetzte. Die Lehranstalt erreichte eine Bedeutung, die weit über das oberpfälzische Gebiet hinausging und bis Böhmen, Österreich und Pommern ausstrahlte.

Auch Wolfgang Wilhelm blieb nicht untätig. In den Jahren von 1621 bis 1627 versuchte er mit Rechtsgutachten seine Position zu stärken. Als das evangelische Lager durch die verlorene Schlacht bei Lutter am Barenberge (26. August 1626) weiter geschwächt wurde, war der Kaiser auf dem Höhepunkt seiner Macht, und der Neuburger nutzte die Gunst der Stunde. Am 8. März 1627 erhielt Wolfgang Wilhelm ein kaiserliches Mandat, das unter anderem die seit 1618 schwelenden Steuerstreitigkeiten mit Sulzbach in seinem Sinne regelte und klarstellte, dass die dortigen Untertanen ihm gegenüber Gehorsam schuldig seien. Nun konnte die Gegenreformation beginnen. Sie stieß auf entschlossenen Widerstand Augusts und der Bewohner Pfalz-Sulzbachs.

Niemand käme in die Kirche zur Messe, alle hörten die lutherische Predigt, klagte der von Wolfgang Wilhelm mit der Durchführung der Gegenreformation beauftragte Jurist und Vizekanzler Simon de Labrique im Februar 1628. Jetzt griffen die „üblichen“ Maßnahmen: Protestantische Bücher wurden eingezogen, Geldbußen angedroht und schließlich das Verlassen des Landes angeordnet, falls die Bekehrung unterbliebe. Im April 1629 musste sich die Stadt Sulzbach schließlich dem Druck beugen.

August erlebte noch mit, dass bayerische Truppen in Sulzbach einfielen, plündernd durch die Stadt zogen und Häuser zerstörten. Seine Familie war nicht bedroht. Die Kinder lebten in Bayreuth und später bei seiner Schwiegermutter in Husum. Er selbst begab sich in den Dienst König Gustav Adolfs, dem er seit mehreren Aufenthalten in Schweden freundschaftlich verbunden war. Am 10. Juni 1632 brach August auf, um den Kurfürsten von Sachsen um Verstärkung für das schwedische Heer zu bitten. Auf dem Rückweg erkrankte er und starb am 14. August in Windsheim.

Die Bilanz seiner Regierung ist niederschmetternd: Das Land war von fremden Truppen besetzt und unregierbar. Die fürstliche Familie und die obersten Landesbehörden hatten die Residenzstadt Sulzbach verlassen. Die Ansprüche Augusts auf weitergehende landesherrliche Befugnisse waren vom Kaiser zurückgewiesen worden, und schließlich musste er die von seinem Bruder als Landesherrn betriebene Gegenreformation hinnehmen. Seinem Sohn und Erben hinterließ August zu allem Überfluss einen Schuldenberg von über 200 000 Gulden.

Der Sohn, Christian August, war erst zehn Jahre alt, als sein Vater starb. August hatte drei Vormünder für ihn bestimmt, darunter seinen jüngeren Bruder Johann Friedrich. In den chaotischen Jahren von 1632 bis 1635, in denen auch noch die Pest in Sulzbach wütete, befanden sich die vormundschaftlichen Beamten in Nürnberg im Exil. Eine effektive Landesverwaltung gab es nicht. Die Gegenreformation hatte an Schwung verloren und die Jesuiten taten sich schwer, sie wieder in Gang zu bringen. Man lastete ihnen sogar die Schuld an der Pest an. Erst gegen Ende des Jahres 1635 kehrte die Hofkanzlei nach Sulzbach zurück und nahm ihre Tätigkeit wieder auf.

Christian August trat die Regierung im Juni 1645 an. Seine besonderen Bemühungen mussten auf die endgültige Regelung der landesfürstlichen Herrschaft und der Religionsverfassung seiner Erbämter abzielen. Doch weder auf dem Friedenskongress in Münster (1645–1648) noch bei den Verhandlungen in Nürnberg (1649–1651) gelang dies. Immerhin, Christian Augusts Engagement zur Festlegung des Normaljahres 1624 hatte Erfolg. Alle bei Beginn der Gegenreformation von den Katholiken übernommenen Pfarreien mussten den Lutheranern zurückgegeben werden, die Jesuiten zogen sich nach Amberg zurück. Der größte Teil der Einwohner seines Territoriums bekannte sich nun wieder zum Luthertum.

Natürlich versuchten die im Lande wohnenden pfalz-neuburgischen Beamten, den wenigen Katholiken den Rücken zu stärken. So sorgten die Festungskanonen der neuburgischen Garnison auf dem Parkstein dafür, dass Katholiken auch katholisch bleiben konnten – katholische Frömmigkeit gedieh hier unter dem Schutz des Militärs. Deshalb konnte an Fronleichnam 1651 wieder eine Prozession durch den Markt ziehen. Aber Glockengeläute musste durch Trommelschläge ersetzt werden, und nach den gesungenen Evangelien rollten die Donnerschläge der Salutkanonen über das Land. *Ein rechtes elend, das wir weder mess noch metten im Land haben können*, klagte Simon de Labrique, dessen Glaubensgenossen zu den katholischen Leuchtenbergern oder nach Amberg ausweichen mussten, um die Messe zu besuchen.

Auf dem Weg zur Souveranität

Für Christian August begann nun eine Zeit des religiösen Zweifelns. Er befasste sich mit katholischer Glaubenslehre und führte Gespräche mit Franziskanern und Jesuiten. Allmählich wich seine strenge Haltung der Toleranz. Die innere Krise führte schließlich zur Konversion. Bevor er sich zu diesem Schritt entschloss, nahm er hinter dem Rücken des senil gewordenen Neuburger Landesfürsten mit dessen Sohn Philipp Wilhelm Verhandlungen auf. Das Ergebnis war der „Kölner Vergleich", der am 22. Februar 1652 unterzeichnet wurde. Die katholische Konfession sollte in Sulzbach volle Gleichberechtigung erhalten, das heißt, in allen Pfarreien wurde ein „Simultaneum" eingeführt. Kirchen, Schulen, Spitäler und Friedhöfe konnten nun von beiden Konfessionen genutzt werden. Das Sulzbacher Modell des Simultaneums stellte ein absolutes Novum dar. Es gab zwar in Augsburg, Dinkelsbühl oder Ravensburg Simultaneen, doch dort waren die Kirchen einzeln den Konfessionen zugewiesen worden. In anderen Städten wurden die Gotteshäuser durch Mauern, Gitter oder Vorhänge in katholische und evangelische Bereiche unterteilt. In Sulzbach dagegen stand der gesamte Innenraum der Kirchen beiden Konfessionen zur gemeinsamen Nutzung offen – ein Modell, das natürlich den meisten Konfliktstoff bot, selbst noch in jüngster Vergangenheit, denn das Simultaneum wurde erst 1957 aufgehoben. Der älteren Generation ist die gemeinsame Nutzung der Gotteshäuser als Quelle ständiger Querelen in Erinnerung geblieben, ob es nun um getrennte Altäre, den Taufstein oder Trennungsmaßnahmen zwischen den Pfarrhöfen ging. Es war eine erzwungene Gemeinschaft, die wohl letztendlich mehr gebremst als gefördert hat.

In Neuburg trat 1653 der 39 Jahre alte Philipp Wilhelm die Nachfolge seines Vaters an. Er war bisher ohne männliche Nachkommen und deshalb sehr an der Sicherung seiner Erbfolge interessiert. Dass er noch zum „Schwiegervater Europas" werden sollte und seine Söhne höchste Ämter innerhalb der Reichskirche einnehmen würden, konnte er zu dieser Zeit nicht ahnen. Im September 1655 traf er sich in Neuburg mit Christian August, vordergründig zu Gesprächen über die Landeshuldigung in den sulzbachischen Erbämtern und die Einführung des gregorianischen Kalenders. Sein Ziel war jedoch eine Erbeinigung mit dem sulzbachischen Verwandten für den Fall seines söhnelosen Dahinscheidens. Philipp Wilhelm versuchte deshalb, Christian August zum baldigen Übertritt zur katholischen Kirche zu bewegen. Der Sulzbacher hatte deutlich weitergehende Vorstellungen. Er strebte für sein Teilfürstentum Pfalz-Sulzbach die volle Unabhängigkeit an.

Vielleicht gab der Konfessionswechsel der abgedankten schwedischen Königin Christine, der Tochter Gustav Adolfs, die sich am 3. November 1655 öffentlich zum katholischen Glauben bekannte, den letzten Anstoß für Christian Augusts Bekenntnis zum alten Glauben. Am 16. Januar 1656 erklärte er in der Neuburger Jesuitenkirche seinen Übertritt. Einen Tag zuvor hatten Philipp Wilhelm und sein Vetter den „Neuburger Vergleich" unterzeichnet, mit dem Christian August die volle landesfürstliche Herrschaft über die ehemaligen Sulzbacher Erbämter zugesprochen wurde.

Während der toleranten Herrschaft Christian Augusts 1645–1708 wurde Pfalz-Sulzbach reichsunmittelbares Fürstentum. – Ölgemälde von einem unbekannten Künstler, 2. Hälfte des 17. Jhs. Stadtmuseum Sulzbach-Rosenberg.

Aus Pfalz-Sulzbach wurde ein reichsunmittelbares Fürstentum, dem jedoch trotz direkter Unterstellung unter Kaiser und Reich Sitz und Stimme auf dem Reichstag versagt blieben.

„Eine Heimstätte des freien Geistes" – Der Sulzbacher Hof unter Christian August

Der Sulzbacher Hof unter Christian August war kein Musentempel. Es gab kein Hoftheater, keine Hofkapelle, keinen Hofdichter und der Fürst trat nicht als Förderer der bildenden Kunst in Erscheinung. Der Sulzbacher Hof war ein Gelehrtenhof.

Mit hochgebildeten Persönlichkeiten war Christian August schon in jungen Jahren zusammengekommen. Am Hof seines Onkels Friedrich III. von Holstein-Gottorf, wo er sich ab 1631 aufhielt, herrschte eine auf Gelehrsamkeit und Wissenschaft ausgerichtete Atmosphäre. Christian August erlebte hier ein Klima religiöser Toleranz, die es in Sulzbach nicht gab. Friedrich III., selbst lutherisch, nahm niederländische Remonstranten, die die Willens- und Glaubensfreiheit betonten, Mennoniten, Quäker, Juden und Katholiken auf und siedelte sie in verschiedenen Städten seiner Herrschaft an.

Toleranz erlebte der Pfalzgraf auch auf seinen Bildungsreisen, nämlich in den Niederlanden, wo der Landesherr nicht die Konfession der Untertanen bestimmen konnte. In Amsterdam fand der junge Reisende blühende jüdische Gemeinden vor, die hochgelehrte Studien betrieben, sich mit Hebraistik und der Kabbala befassten, ein eigenes Druck- und Verlagswesen unterhielten und lebhafte Kontakte zu ihrer christlichen Umgebung pflegten.

Mit den Niederlanden verband Christian August sein Berater Franciscus Mercurius van Helmont (um 1614–1699), eine höchst schillernde Persönlichkeit. Er beschäftigte sich mit metaphysischen und theosophischen Ideen, gab sich nach außen hin als Katholik, hatte sich aber längst von einem konfessionell geprägten Christentum gelöst.

Van Helmonts Einflüsse auf die Geschicke Pfalz-Sulzbachs sind quellenmäßig schwer nachweisbar. Der Flame wird mit der Konversion Christian Augusts in Verbindung gebracht und mit der Einführung des Simultaneums. Er war es, der den Pfalzgrafen auf Christian Knorr von Rosenroth (1636–1689) aufmerksam machte, einen aus Schlesien stammenden Theologen, Juristen und Dichter, der sich in Amsterdam in jüdischen Kreisen bewegte und sich ebenfalls mit Hebraistik und dem Studium der Kabbala beschäftigte. Gegen Ende 1666 dürfte sich Knorr in Sulzbach niedergelassen haben – nicht als Dichter, sondern als gelehrter Ratgeber des Landesfürsten, dessen Ideenwelt nun von der schon in seiner Jugend erlebten Toleranz geprägt wurde.

Knorr war ein hervorragender Kenner orientalischer Sprachen und der jüdischen Mystik. Unter dem Titel „Cabbala Denudata“ gab er eine Zusammenstellung der kabbalistischen Hauptwerke heraus, die er ins Lateinische übersetzt hatte. Mit dieser Schrift versuchte er, den gemeinsamen Ursprung der christlichen Lehre und der Kabbala nachzuweisen. Sie galt lange Zeit als bedeutendste Veröffentlichung auf diesem Gebiet.

Gedruckt werden konnte das Werk des Hofrats und Kanzlers in Sulzbach, denn ab 1664 hatte Christian August Protestanten und auch Juden Druckprivilegien erteilt. Die in Sulzbach ansässigen Druckereien erreichten besonders im 18. Jahrhundert einen weit über den süddeutschen Raum nach Österreich, Böhmen und Polen ausstrahlenden Einfluss im Bereich der volkstümlichen religiösen Erbauungs- und Belehrungsliteratur. Einen Namen machten sie sich auch mit der Veröffentlichung wissenschaftlicher Werke.

Dass in Sulzbach wirklich ein „freier Geist“ herrschte, zeigt die Toleranz Christian Augusts Juden gegenüber, die seit 1651 in Pfalz-Sulzbach geduldet waren. Nach dem Ende des Dreißigjährigen Krieges kamen jüdische Händler aus den fränkischen Orten Schnaittach, Ottensoos oder Forth ins Land und entrichteten trotz heftiger Beschwerden von Einheimischen nur einen ermäßigten Zoll. Ab 1666 durften sich Juden in Sulzbach niederlassen; ein Jahr später erlaubte er ihnen nördlich der Stadt die Anlage eines Friedhofes (der heute noch existiert). Ab 1684 konnten sich Juden in Floß ansiedeln. Der Landesherr gewährte ihnen freie Religionsausübung.

Christian August respektierte die jüdische Religion und förderte ihr Schrifttum durch großzügige Druckgenehmigungen. Während in anderen Orten gegen den Talmud gehetzt wurde, erschienen in Sulzbach berühmte Druckausgaben und eine Vielzahl jüdischer Gebetbücher. Der Sulzbacher Salman Fränkel wurde durch seine Talmudausgaben zu einem der bedeutendsten jüdischen Drucker seiner Zeit.

Nach Sulzbach zogen vor allem Juden aus Prag und Wien, als dort nach den Verfolgungen 1670 zahlreiche Familien auswandern mussten. Die jüdische Gemeinde in Floß entstand nach der Vertreibung der Juden aus der seit 1641 reichsunmittelbaren Herrschaft Neustadt-Störnstein. Der Neffe Christian Augusts, Fürst Ferdinand August von Lobkowitz, hatte sie aus Neustadt a. d. W. ausgewiesen. Sie durften sich auf dem „Judenberg“ in Floß ansiedeln.

Als Christian August im April 1708 knapp 86-jährig starb, konnte er auf eine erstaunliche kulturelle Entwicklung seines ansonsten provinziellen Hofes zurückblicken. Er war zu einem in Gelehrtenkreisen ganz Mitteleuropas anerkannten Zentrum wissenschaftlicher und religiöser Aktivitäten geworden, der selbst den berühmten Philosophen und Universalgelehrten Gottfried Wilhelm Leibniz anzog.

Ein Absolutist in Sulzbach: Theodor Eustach

Der einzige überlebende Sohn und damit Erbe Christian Augusts, Theodor Eustach, wurde am 14. Februar 1659 in Sulzbach geboren. Der Vater verwendete große Sorgfalt und Hinwendung auf die Ausbildung des Jungen. Er schickte ihn zum Studium an die Benediktineruniversität Salzburg und ließ ihn nach der Rückkehr von Knorr von Rosenroth in die Regierungsgeschäfte einweihen. Zum Leidwesen des Vaters interessierte sich Theodor mehr für Mathematik, Ballistik oder Festungsbau als für philosophische und religiöse Themen. Und so führte ihn seine Kavalierstour bevorzugt zu den neuesten technischen Errungenschaften in Frankreich und England. Insgesamt glänzte er wohl eher durch Faulheit als durch Fleiß.

Daß mein Brudter nichts lernet ist mir hertzlich leidt, schrieb seine Schwester an den besorgten Vater.

Als Theodor im Alter von 49 Jahren endlich an die Regierung kam, tobte der Spanische Erbfolgekrieg. Die Neutralität Pfalz-Sulzbachs verhinderte nicht, dass Truppendurchmärsche und Plünderungen der Bevölkerung schwer zusetzten. Der Pfalzgraf versuchte, die Wirtschaft durch den Ausbau der landesherrlichen Güter zu fördern. Doch ohne die Wiederbelebung der Eisenherstellung und -verarbeitung war auf Dauer keine erfolgreiche Wirtschaftspolitik möglich. Dies hatte schon Theodors Vater eingesehen. Erz-, Kapital- und Arbeitskräftemangel verhinderten jedoch eine Produktionsaufnahme in größerem Stil. Durch den jahrzehntelangen Ausfall des Oberpfälzer Eisens war es vollständig durch Eisen anderer Herkunft ersetzt worden. Es fehlte der Markt für die einheimische Produktion. Ohne staatliche Stützmaßnahmen war bei der desolaten Lage der meisten Hammerwerke ein Neuaufbau des Eisengewerbes nicht möglich.

Beim Regierungsantritt Theodor Eustachs war mit der Wiederbelebung der Hüttenwerke Philippsburg (bei Rosenberg) und Altenhammer (oberhalb Floß) der Anschluss an die allgemeine Entwicklung des Hüttenwesens hergestellt. In den darauf folgenden Jahrzehnten setzte dann ein langsamer Aufschwung ein. Dazu gehörte auch eine eigene Verwaltungsorganisation, die Theodor Eustach durch den Einsatz einer zentralen Leitung der Berg- und Hammerwerke schuf.

Zufrieden konnte er allerdings nicht sein, denn sein Engagement lohnte sich nicht. Die Rendite war viel zu gering. Nach nur wenigen Jahren wurde ein Teil der Wirtschaftsobjekte verpachtet oder an Privatpersonen verkauft und nicht in fürstlicher Eigenregie weitergeführt.

Vieles wurde auch durch die unglückliche Religionspolitik Theodors zunichte gemacht. Die stete Bevorzugung der Katholiken machte aus seinem Fürstentum einen Kampfplatz der Konfessionen, der schließlich im Reich berühmt-berüchtigt wurde und kapitalkräftige Investoren entweder abschreckte oder zum Rückzug zwang.

Neben der restriktiven Religionspolitik konfrontierte der Landesherr seine Untergebenen mit immer höheren Steuerforderungen. So behielt er die für die Lasten des Spanischen Erbfolgekriegs erhobene Sondersteuer auch nach dem Ende des Krieges 1714 als jährliche Extrasteuer bei.

Einfache Untertanen und auch Landsassen bekamen die zunehmende absolutistische Durchdringung des Landes zu spüren. Der Sohn des ehemaligen Kanzlers Knorr von Rosenroth sah 1711 für sich keinen anderen Ausweg aus der restriktiven Herrschaft Theodors als den Verkauf des väterlichen Gutes.

Parallel zur Intensivierung der landesherrlichen Herrschaft im Innern bemühte sich Theodor Eustach nach außen um Vergrößerung des Staatsgebietes. 1714 gelangen ihm mit dem Erwerb des pfalz-neuburgischen Anteils am Gemeinschaftsamt Parkstein-Weiden eine bedeutende Arrondierung seines Territoriums und die Beseitigung einer Quelle ständiger Differenzen. Doch zu welchem Preis! Jetzt drückte eine riesige Schuldenlast die Staatsfinanzen, die ohnehin nicht zum Besten standen.

Theodor Eustach musste nun die Ausgaben für Repräsentationszwecke drosseln – eine „Todsünde“ in einer Zeit, in der das Ansehen eines Fürsten mit dem Glanz seiner Hofhaltung gleichgesetzt wurde. Bescheidenheit war nicht gefragt! Und so machten anspruchsvolle Standesgenossen einen großen Bogen um das arme Fürstentum und seinen Landesherren – wenn sie konnten. Lieselotte von der Pfalz schrieb in einem Brief: *Man sagt, daß die Printzess, wie sie ihre Schwigereltern gesehen, hette sie sie so schlegt gefunden und so ellendt undt wunderlich gekleydt, daß sie bitterlich drüber geweindt hatt.* Die Prinzessin, die sich offensichtlich ihrer Schwiegereltern schämte, war die Ehefrau des ältesten Sohns Joseph Karl, Elisabeth Auguste Sophie von der Pfalz.

Joseph Karl hatte Elisabeth 1717 geheiratet, als sich abzeichnete, dass weder ihr Vater, der pfälzische Kurfürst Karl III. Philipp, noch ein anderer Verwandter aus der Pfalz-Neuburger Linie, die seit 1685 auch über die Kurpfalz herrschte, männliche Nachkommen haben würde. Die Eheschließung hatte nur einen Grund, nämlich die Sicherung der Nachfolge für die nächsten Verwandten, die Linie Pfalz-Sulzbach. Kurfürst wurde Joseph Karl jedoch nicht, denn er starb 1729 noch vor seinem Vater Theodor Eustach.

Das Ende Theodor Eustachs, der in Pfalz–Sulzbach in absolutistischer Manier geherrscht hatte, war wenig rühmlich. Er kam in beträchtliche Schwierigkeiten mit Kaiser Karl VI., als sich herausstellte, dass Munitionslieferungen sulzbachischer Eisenhämmer, die für das Wiener Zeughaus bestimmt waren, wohl durch jüdische Geschäftsleute „umgeleitet", an den Erbfeind, die Türken, gelangten. Als die Sache aufflog, lastete man den ungeheuren Vorgang Theodor Eustach an, der entweder kniefällig Abbitte leisten, eine hohe Strafen zahlen oder für drei Jahre das Land verlassen sollte. Er entschied sich im September 1731, Sulzbach den Rücken zu kehren, und zog sich in die fränkische Reichsstadt Dinkelsbühl zurück, um hier den Ausgang der kaiserlichen Untersuchung abzuwarten. Die Nachricht, er sei unschuldig und werde mit dem Orden vom Goldenen Vließ geehrt, erreichte ihn noch kurz vor seinem Tod am 11. Juli 1732 im Exil.

Der kurze Traum von der Macht

Den Traum von der Macht durfte nun Theodors zweiter Sohn, Johann Christian, träumen. Alles war nur eine Frage der Zeit. Nach dem Tod des Kurfürsten Karl Philipp würde nun er die Kurpfalz und das Fürstentum Pfalz-Neuburg erben und sein eigenes Land mit den bedeutenderen Territorien vereinen. Ursprünglich war für ihn allerdings ein anderer Weg vorgesehen.

Johann Christian, der jüngere Bruder des 1717 zum Kurprinzen ernannten Joseph Karl, sollte, um möglichst gut versorgt zu sein, mit einer vermögenden Erbin verheiratet werden. Diese wurde in Maria Henriette Leopoldine de la Tour gefunden, der Erbin des Marquisats Bergen op Zoom in den spanischen Niederlanden. Kurz nach seiner Vermählung im Februar 1722 bezog das Paar Schloss Droogenbosch bei Brüssel, um dort die Regierung der Markgrafschaft zu übernehmen. Hier wurde 1724 ihr einziger Sohn Karl Theodor geboren, der unter der Obhut seiner geliebten Urgroßmutter Maria Henriette, einer verwitweten Herzogin von Arenberg, aufwuchs. Karl Theodors Mutter, die er kaum je zu Gesicht bekommen hatte, starb schon 1728. Als ein Jahr später sein Onkel, Kurprinz Joseph Karl,

Kurfürst Car Theodor im Jahr 1743. – Schabkunstblatt von Gabriel Bodenehr d. J. nach einem Gemälde von F. A. Besoldt

starb, begab sich der Vater Karl Theodors als Erbe Joseph Karls an den Mannheimer Hof und heiratete in zweiter Ehe seine Cousine Eleonore Philippine von Hessen-Rheinfels-Rothenburg. Die Ehe blieb kinderlos.

Nach dem Tod seines Vaters Theodor Eustach kehrte Johann Christian nach Sulzbach zurück, dessen Zukunft als Hauptort eines nachrangigen Nebenlandes sich deutlich abzeichnete. Das politische Handeln des Pfalzgrafen, der hier ab 13. Oktober 1732 residierte, ist vor dem Hintergrund der Anwartschaft auf die Kur und die pfälzischen Länder zu sehen. Die Ambitionen Johann Christians endeten jedoch allzu schnell. Er starb schon am 20. Juli 1733.

Jetzt blieb nur noch ein einziger möglicher männlicher katholischer Erbe der Kurpfalz, Pfalz-Neuburgs und Pfalz-Sulzbachs: Karl Theodor.

Der Weg ins neue Bayern

Ein ferner Landesherr: Karl Theodor

Die Vormundschaft des noch nicht neunjährigen Kindes übernahm der pfälzische Kurfürst Karl III. Philipp, an dessen Hof in Mannheim Karl Theodor zusammen mit seinen drei Cousinen, den Töchtern seines Onkels Joseph Karl von Pfalz-Sulzbach, erzogen wurde. In Sulzbach saß ein Obervormundschaftsrat, dessen Vorstand als fürstlicher Statthalter fungierte. Finanzielle Not bestimmte die Handlungen der Vormundschaftsregierung. Ab 1733 wurden Hofbedienstete und Soldaten in Sulzbach und auf der Festung Parkstein entlassen und fürstliche Güter versteigert. Auch auf unterbehördlicher Ebene wurde gespart, wo immer es möglich war. Allerdings fehlte ein schlüssiges Konzept, sodass Einsparungen unnötigen Ausgaben gegenüberstanden.

Karl Theodor von Pfalz-Sulzbach trat am 21. Februar 1742 die Regierung in seinem Stammland an, mit dem ihn nichts verband. Er hielt sich während seiner langen Regierungszeit nur wenige Tage hier auf. Kurz vor seinem Regierungsantritt hatte er sich verheiratet – nicht freiwillig. Er musste auf Wunsch Kurfürst Karl Philipps seine Cousine Elisabeth Auguste, die älteste Tochter Joseph Karls von Pfalz-Sulzbach, ehelichen. Die Ehe war eine Qual für beide: er melancholisch introvertiert, sie lebensfroh extrovertiert. Nach dem Tod ihres einzigen Kindes ging das Paar völlig getrennte Wege. Karl Theodor tröstete sich mit Mätressen, seine Gemahlin verbrachte ihre Zeit auf Schloss Oggersheim nicht ohne männlichen Beistand.

Karl Theodor, der in Mannheim und Schwetzingen lebte, kümmerte sich einmal wöchentlich um die Regierungsgeschäfte Pfalz-Sulzbachs, das nach dem Tod Kurfürst Karl III. Philipp am 31. Dezember 1742 endgültig zum Nebenland wurde. Die Landesangelegenheiten behandelte jetzt die für die gesamten kurpfälzischen Länder zuständige Geheime Konferenz. Zeitweise wurde ein eigener Referendar für Pfalz-Sulzbach beschäftigt.

Eine Verflechtung seines Stammlandes mit den übrigen Ländern Karl Theodors unterblieb bis 1777, als der Kurfürst auch die Herrschaft in Kurbayern antrat. Jetzt bestand die Möglichkeit, die Fürstentümer Pfalz-Neuburg und Pfalz-Sulzbach Schritt für Schritt in den pfalz-bayerischen Gesamtstaat einzugliedern.

Möglich wurde die Zusammenführung fast der gesamten wittelsbachischen Länder erst durch den Tod des bayerischen Kurfürsten Maximilian III. Joseph, den Karl Theodor als nächster Verwandter beerbte.

Das Armenhaus Bayerns

Der Ururgroßvater Maximilians III. Joseph, Maximilian I., hatte den größten Teil des alten Nordgaus für Bayern gewonnen. Er blieb dieser Ansammlung *verderbter lender* innerlich fremd. Die Behandlung des vom Krieg verheerten Landes als eine eroberte Provinz, die Auflösung der an der Gesetzgebung beteiligten ständischen Korporation, der Landschaft, die fortwährende Verdächtigung der Bevölkerung, die erzwungene Rekatholisierung und die von München ausgehende straffe Reglementierung verhinderten für lange Zeit eine innere Anbindung der Menschen an Bayern und bewirkten eine gewisse Verklärung der Epoche unter pfälzischer Regierung als der „guten alten Zeit".

Die Obere Pfalz war zwar nur Nebenland, doch dies brachte auch Vorteile mit sich. Die große Entfernung zum Regierungssitz ermöglichte eine regionale Profilierung, die Bildung einer ständischen Beteiligung, die Entwicklung eines zentralen Ortes und einer zentralen Verwaltung mit einem oft überraschend selbstständigen Statthalter an der Spitze. Das war nun vorbei.

Auch die wirtschaftliche Bedeutung schwand zusehends. Das „Ruhrgebiet des Mittelalters" starb in der Frühen Neuzeit. Der Dreißigjährige Krieg, der das Land verwüstet, die Bevölkerung dezimiert und einen großen Teil der Gruben, Hämmer und Verarbeitungsbetriebe ruiniert hatte, trennte schließlich das Montangebiet von seinen traditionellen Märkten. Durch die nachfolgende „Verstaatlichung" der ergiebigsten Gruben und die davon ausgehende Verunsicherung der privaten Unterneh-

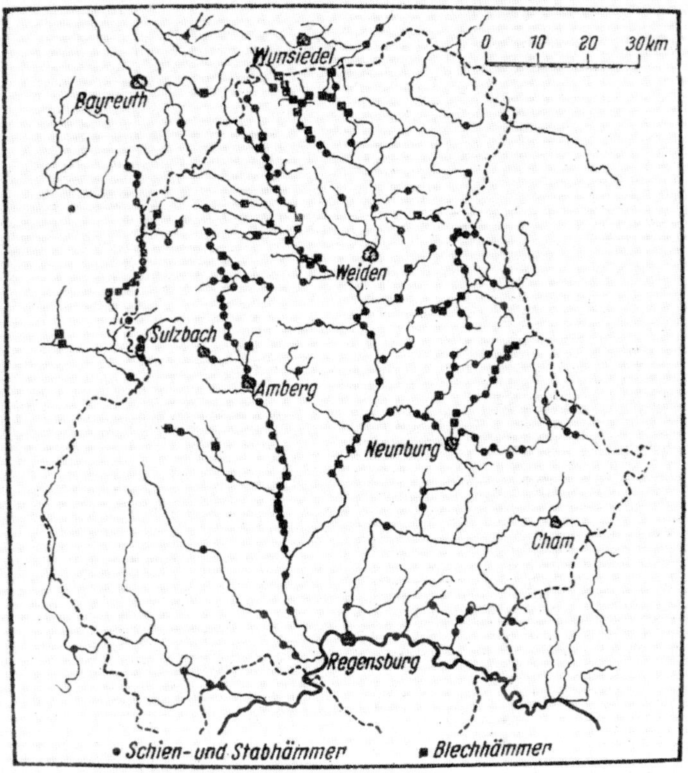

Die Oberpfälzer Eisenindustrie im Jahr 1475.

mer, durch die Unfähigkeit der eingesetzten Verwalter, durch den Verlust an Fachkräften und Kapital, der auch eine Folge der Ausweisung der Reformierten war, durch die allmähliche Erschöpfung der rentablen Lagerstätten und die Steigerung der Produktionskosten verödete die Region und machte aus dem ehemals reichen Revier, die von jeder Krise, von jeder Missernte geschüttelte „Steinpfalz", das Armenhaus Bayerns. 1475 waren über 200 Schien- und Blechhämmer mit einer Produktion von 190 000 Zentnern in Betrieb, zweihundert Jahre später waren es dank der Auswirkungen des Dreißigjährigen Krieges und der

Maßnahmen der bayerischen Verwaltung gerade noch 29 mit einer Produktion von 17 000 Zentnern. Die Konkurrenz aus der Steiermark und aus Böhmen machte selbst diesen wenigen Betrieben schwer zu schaffen.

Auch die Nachfolger Maximilians I. konnten mit der Oberen Pfalz wenig anfangen. Hatten die pfälzischen Kurfürsten immer wieder Anlässe gefunden, persönlich im Land zu erscheinen, blieben die bayerischen Kurfürsten völlig fern. Nicht einmal die Statthalter kamen wie vordem aus der kurfürstlichen Familie. Die fürstlichen Söhne schickte man lieber in kirchliche Dienste als in die Obere Pfalz. Dass sich die Menschen zutiefst gekränkt fühlten, ist nicht verwunderlich. Doch 80 Jahre nach dem Herrschaftswechsel des *unseligen Jahrs 1628*, wie der Amberger Regierungskanzler Felix von Löwenthal schrieb, schien sich das Rad zurückzudrehen.

Noch einmal pfälzisch

Schuld war der Spanische Erbfolgekrieg (1701–1714). Drei Kandidaten hatten ein Auge auf das Erbe des kinderlosen spanischen Königs Karl II. geworfen: ein Franzose, ein Österreicher und ein Bayer. Der Bayer war Kurprinz Joseph Ferdinand, Sohn des Kurfürsten Maximilian II. Emanuel und Urenkel des spanischen Königs Philipp IV. Er war der Favorit Englands und der Niederlande und wurde von Karl II. 1698 zum Erben ernannt. Welche Aussichten für das kaum sechsjährige Kind! Ein weltumspannendes wittelsbachisches Reich und endlich eine Königskrone! Doch der Junge starb vor Karl am 6. Februar 1699. Woran ist unklar. Gerüchte sprachen von Giftmord im Auftrag Wiens. Karl entschied sich nun für den Franzosen als Erben, der König von Frankreich und Spanien werden sollte. Dagegen wandten sich England, die Niederlande und der Kaiser, die sich in der Großen Allianz zusammenschlossen. Frankreich wurde der Reichskrieg erklärt. Der bayerische Kurfürst Max Emanuel traf eine höchst unglückliche Entscheidung: Er schloss sich Frankreich an und verwickelte damit auch die Oberpfalz in den Krieg.

Am 29. Oktober 1703 standen kaiserliche Truppen vor Amberg und forderten die Übergabe. Nach der Bombardierung, bei der die Stadt *in starken Ruin gesetzt wurde*, ergab sie sich am 28. November 1703. Am Ende des Jahres war fast die ganze Oberpfalz in den Händen der kaiserlichen Truppen. Ein Jahr später verloren Frankreich und Bayern die Schlacht von Höchstädt. Die bayerischen Truppen mussten entlassen, alle Festungen und das Kriegsgerät ausgeliefert werden. Die kaiserliche Administration übernahm die Verwaltung Kurbayerns mit allen herrschaftlichen Rechten. Aus der kurbayerischen Regierung in Amberg wurde eine kaiserlich-österreichische.

Kaiser Joseph I. war mit seinem ins Exil geflüchteten Schwager Max Emanuel persönlich verfeindet. Daraus erklärt sich die Härte mit der die kaiserlichen Truppen vorgingen. Truppendurchmärsche brachten immer wieder die schwersten Exzesse. Brand, Totschlag und Erpressung von Geld waren an der Tagesordnung. Als die Werbungen für die kaiserliche Armee ohne Erfolg blieben und im Herbst 1705 Zwangsaushebungen angeordnet wurden, kannte die Erregung keine Grenzen mehr. Bauernsöhne, Knechte, Tagelöhner, Holzarbeiter waren die ersten, die sich zusammenrotteten. Am 3. Oktober 1705 wurden bei Neunburg v. Wald Zwangsrekrutierte auf offener Straße befreit. Burschen, die ausgehoben werden sollten, bewaffneten sich und lieferten den Kaiserlichen regelrechte Gefechte.

Am 29. April 1706 wurde über Kurfürst Max Emanuel schließlich die Reichsacht verhängt. Damit verlor er die Kurwürde und die Obere Pfalz an den mit dem Kaiser verbündeten pfälzischen Kurfürsten Johann Wilhelm. Am 4. August 1708 forderte Joseph I. die Regierung in Amberg und die neu etablierten oberpfälzischen Landstande auf, dem pfälzischen Landesherrn zu huldigen. Wie sich die Oberpfälzer beim erneuten Wechsel der Herrschaft fühlten, wissen wir nicht. Wahrscheinlich waren sie zufrieden, dass die kaiserlichen Zwangsmaßnahmen ein Ende fanden und kein neuerlicher Religionswechsel ins Haus stand, denn der pfälzische Kurfürst war katholisch.

Die Zeit unter pfälzischer Herrschaft währte nicht lange. Als mit den Verträgen von Rastatt und Baden 1714 Kurbayern wiederhergestellt wurde, kehrte auch die Obere Pfalz zu Bayern zurück.

Dass sich die Oberpfälzer gern an die Zeit der Zugehörigkeit zur Kurpfalz erinnerten, ist in der Mariahilfkirche oberhalb Ambergs zu sehen. Bei der Ausgestaltung der Kirche stellte Cosmas Damian Asam neben die allegorische Gestalt der Bavaria gleichberechtigt die Palatia.

„Kurier' die Leut' nach meiner Art"

ALHIR RUHET IN GOTT DER WEILAND HOCHEDLE HOCHERFAHRENE WELTBERÜM. HERR HERR JOH. ANDREAS EISENBARTH KÖNIGL. GROSBRITANNISCHER UND CHURFÜRSTL. BRAUNSCHW. LÜNEB. BRIVILEGIRTER LANDARTZT WIE AUCH KÖNIGL. BREUSSISCHER RAHT UND HOFOCULISTE, VON MAGDEBORG. GEBOHRN ANNO 1661 GESTORBEN 1727, D. 11. NOVEMB. AETATIS 66 JAHR.

Der hier Gewürdigte wird in einem Studentenlied ganz anders dargestellt. Man verunglimpfte ihn und tat ihn als Scharlatan ab. Ein Bild, das sich bis heute hält: „Ich bin der Doktor Eisenbarth, kurier' die Leut' nach meiner Art, kann machen dass die Blinden geh'n und dass die Lahmen wieder seh'n."

Dabei war Johann Andreas Eisenbarth ein erfolgreicher Chirurg und Augen„arzt", der mit Scharlatanerie nicht das Geringste zu tun hatte. Ganz im Gegenteil, er war mit seinem Können seiner Zeit weit voraus und verstand wohl etwas mehr von Öffentlichkeitsarbeit als seine neidvollen Konkurrenten.

Geboren wurde er in Oberviechtach (Lkr. Schwandorf), nicht 1661, wie auf seinem Grabstein steht, sondern im März 1663. Im Alter von zehn Jahren kam Eisenbarth nach seinen eigenen Angaben zu seinem Schwager, einem Okulisten, Bruchschneider und Arzt in die Lehre. 1685 machte er sich dann selbstständig und ging auf Wanderschaft. Der junge Arzt arbeitete mit so viel Erfolg, dass er im Laufe der Jahre von mindestens zehn Landesfürsten Privilegien erhielt, die ihm gestatteten, in ihren Herrschaftsbereichen seine Kunst auszuüben. Eisenbarth zog mit einem riesigen Tross von Stadt zu Stadt und ließ mit marktschreierischen Ankündigungen für sich werben. Während der Operationen wurde das Publikum von Gauklern und Musikern unterhalten. So mancher Schmerzensschrei mag da im Trommelwirbel untergegangen sein.

Der Doktor-Eisenbarth-Brunnen in Oberviechtach stellt den 1663 dort geborenen Wundarzt dar.

Eisenbarth war ein geschickter Starstecher, (Blasen-)Steinschneider und tüchtiger Operateur von Hernien (Eingeweidebruch). Er vervollkommnete und entwickelte ärztliche Instrumente wie die Starnadel oder den Polypenhaken. Außerdem propagierte er postoperative Behandlungen und er soll seine Instrumente bereits über einer Flamme sterilisiert haben. Eisenbarth, der 1703 das Bürgerrecht in Magdeburg erworben hatte, starb am 11. November 1727 in Hannoversch Münden.

Die „Provinz Oberpfalz"

Max Emanuels Enkel Maximilian III. Joseph starb am 30. Dezember 1777 an den Pocken. Die Geschichte der bayerischen Wittelsbacher war damit nach beinahe 600 Jahren zu Ende. Das war eine gefährliche Situation, denn Habsburg hatte schon längst ein Auge auf Bayern geworfen, um den Verlust Schlesiens auszugleichen. Deshalb stand der Plan, wie nach Max' Tod vorzugehen sei, bereits fest. Dabei sollte die Obere Pfalz nach den Vorstellungen des Kaisers wieder an die Pfalz fallen. Besitzergreifungsdekreten fehlte nur noch das Datum und den Befehlshabern der Truppen in Böhmen und Oberösterreich waren bereits Einmarschpläne zugegangen. Doch die beiden letzten Wittelsbacher aus der bayerischen und der pfalz-neuburg-sulzbachischen Linie, Max III. und Karl Theodor, hatten sich in der Nachfolgefrage seit Längerem geeinigt. Bayern mit der Oberen Pfalz, die Kurpfalz und die Länder der Nebenlinien wurden zum Gesamtbesitz des Hauses Wittelsbach erklärt und der Überlebende zum Universalerben eingesetzt. Als Regierungssitz des wittelsbachischen Gesamtkomplexes wurde München gewählt.

Am 2. Januar 1778 eilte Karl Theodor in seine neue Hauptstadt, um von den bayerischen Landen Besitz zu ergreifen. Schon einen Tag später unterzeichnete er die Wiener Konvention, mit der der Pfälzer auf die von Österreich beanspruchten Gebiete Bayerns verzichtete – dazu gehörten in der Oberpfalz das leuchtenbergische Territorium und die böhmischen Lehen – und dafür Vorderösterreich erhielt. Wenig später ließ der Kaiser die von ihm geforderten Gebiete besetzen. Umgehend regte sich Protest. König Friedrich II. von Preußen wollte jede Stärkung Österreichs verhindern, der sächsische Kurfürst Friedrich August III. erhob ebenfalls Ansprüche auf einen Teil Bayerns und der Nacherbe Karl Theodors, Herzog Karl August von Pfalz-Zweibrücken, protestierte auf dem Reichstag in Regensburg entschieden gegen die Verkleinerung seines Erbes. Durch Interventionen Preußens und Kursachsens konnten die österreichischen Annexionswünsche schließlich gestoppt werden. Bayern blieb als Ganzes erhalten. Nur das Innviertel ging an Österreich.

Karl Theodor war Herr über ein Konglomerat aus Herrschaften und Ländern, die keinen zentral organisierten Staat bildeten. Es gab keine einheitliche Verwaltung, kein einheitliches Recht und kein einheitliches Wirtschaftsgebiet. Vor allem Letzteres behinderte den Warenaustausch. Durch die Übernahme des kurbayerischen Mautsystems existierte seit 1770 immerhin zwischen Kurbayern samt der Oberen Pfalz und Pfalz-Neuburg ein Binnenmarkt. Ab 1778 konnten die Bemühungen in dieser Richtung forciert und auf administrativer und rechtlicher Ebene ebenfalls die Vereinheitlichung angestrebt werden. In letzter Konsequenz mussten die Anstrengungen aber zur Auflösung der Eigenstaatlichkeit der Nebenländer führen.

Zum 1. Januar 1791 wurde die Sulzbacher Regierung aufgehoben und der Regierung in Amberg unterstellt. Auch die Eingliederung Pfalz-Neuburgs fasste man ins Auge und verwirklichte sie vorübergehend. Auf Druck der neuburgischen Landstände wurde sie jedoch 1795 wieder rückgängig gemacht. 1799 wurden dann die Obere Pfalz und Pfalz-Sulzbach zusammen mit der ebenfalls wittelsbachischen Landgrafschaft Leuchtenberg zur „Provinz Oberpfalz“ zusammengeschlossen und der Landesdirektion in Amberg als Provinzialbehörde unterstellt. Zu dieser Provinz gehörten auch die 1740 zur Oberen Pfalz gekommenen Reichsherrschaften Sulzbürg und Pyrbaum (Lkr. Neumarkt) sowie die im März 1792 von Max Joseph von Gumppenberg zum Preis von 410 000 Gulden erworbene Reichsgrafschaft Breitenegg (Markt Breitenbrunn, Lkr. Neumarkt). Die Provinz Oberpfalz war kein reichsrechtlich fundiertes Territorium, sondern ein reines Verwaltungsgebilde ohne verfassungsrechtliches Fundament. Die einzelnen Herrschaften gingen in ihr auf und fanden noch vor dem Untergang des Alten Reiches ihr faktisches Ende.

Die Stammmutter der bayerischen Könige: Franziska Dorothea von Pfalz-Sulzbach

Am 16. Februar 1799 trat Maximilian Joseph aus der wittelsbachischen Nebenlinie Pfalz-Zweibrücken-Birkenfeld die Nachfolge Kurfürst Karl Theodors an. Max' Mutter Franziska Dorothea von Pfalz-Sulzbach, Enkelin des Sulzbacher Pfalzgrafen Theodor Eustach und Tochter des früh verstorbenen Erbprinzen Joseph Karl, war eine der drei verwaisten Schwestern, die zusammen mit ihrem Cousin Karl Theodor am Hof des pfälzischen Kurfürsten Karl Philipp in Mannheim aufgewachsen waren. Franziska wurde mit dem Pfalzgrafen Friedrich Michael von Birkenfeld verheiratet, mit dem sie – genau wie ihre Schwester Elisabeth Auguste mit Karl Theodor – eine unglückliche Ehe führte. Die Kinder aus dieser Ehe erkannte der Pfalzgraf an, obwohl es seine Ehefrau mit der Treue nicht allzu ernst nahm. Als Franziska 1759 jedoch erneut schwanger wurde, platzte Friedrich der Kragen: Der Vater des Kindes war Schauspieler! Die Frau Gemahlin wurde von einem plötzlichen Unwohlsein befallen und verschwand vom Mannheimer Hof. Sie brachte ihr Kind in Straßburg zur Welt, es wurde ihr weggenommen und sie selbst zunächst nach Metz und später nach Luxemburg in ein Kloster geschafft.

Nach dem Tod Friedrich Michaels 1767 bot ihr Karl Theodor das Stammschloss der Familie in Sulzbach als Witwensitz an. Franziska sagte zu und reiste 1768 in das Land ihrer Vorfahren, um dort den Rest ihres Lebens zu verbringen. Sulzbach erlebte noch einmal, wenn auch bescheiden, den Glanz einer Residenz. Ein kleiner Hofstaat umgab die alternde Pfalzgräfin, die am Sulzbacher Schloss verschiedene Baumaßnahmen durchführen und das Sommerschloss „Franziskaruhe" in Rosenberg erbauen ließ.

Ihre Schwester Maria Anna, die heftig gegen die bayerisch-österreichischen Tauschpläne ihres Schwagers Karl Theodor opponierte, und dessen Gemahlin Elisabeth Auguste mieden die Sulzbacherin. Franziskas Kinder, Herzog Karl August von Zweibrücken, designierter Nachfolger Karl Theodors, und Maria Anna, besuchten die Mutter und pflegten intensiven Kontakt nach Sulzbach. Der jüngste Sohn, Maximilian Joseph, hatte wohl kein inniges Verhältnis zu ihr. Als er am 25. November 1794 die Nachricht vom Tod seiner Mutter erhielt, schrieb er an die Oberpfälzische Hofkammer in Amberg einige betroffene Zeilen, mehr nicht. Ohne ein Mitglied der Familie trat Franziska Dorothea ihren letzten Weg an. Diejenigen Stimmen, die die „Ehebrecherin" abseits ihrer Vorfahren bestattet sehen wollten, brachte Karl Theodor energisch zum Schweigen. Er bestand darauf, Franziska Dorothea nicht von der Versammlung der Vorfahren des Hauses Pfalz-Sulzbach auszuschließen. Sie wurde in der Sulzbacher Familiengruft beigesetzt.

Arrondierung und Neugliederung

Als Franziska Dorotheas Sohn Maximilian Joseph von Pfalz-Zweibrücken, nun Kurfürst Max IV. Joseph, 1799 die Regierung in München antrat, geriet Europa im Zeichen der Revolutionskriege und bald der Kriege Napoleons in eine Umbruchphase, in der überall und auch in Bayern breite Landstriche ihren Herren wechselten. Das Heilige Römische Reich Deutscher Nation mit seiner Friedensordnung ging unter. Sie hatte den Bestand der kleinen und auch der kleinsten Reichsterritorien garantiert. Jetzt galt der Grundsatz Macht vor Recht, und so konnten sich größere Territorien auf Kosten der geistlichen und der kleineren Gebiete vergrößern. Mit dem Reichsdeputationshauptschluss, der am 24. März 1803 als letztes Reichsgrundgesetz vom Reichstag verabschiedet wurde, fanden die territorialen Übergriffe ihre rechtliche Grundlage.

Davon betroffen war auch das Hochstift Bamberg, das nun an Bayern fiel. Damit konnte das Amt Vilseck, bis 1615 in Nürnberger Pfandschaft, in die Oberpfalz eingegliedert werden, genauso Waldsassen, das ebenfalls Bayern zugesprochen wurde. Dies war freilich nur eine späte reichsrechtliche Anerkennung eines schon seit dem 16. Jahrhundert bestehenden Verhältnisses, denn man betrachtete das Stift de facto und unbestritten seit dieser Zeit als Bestandteil der Oberen Pfalz. 1803 wurde im Zuge der preußisch-bayerischen Grenzbereinigung auch die fränkische Enklave Neustadt am Kulm bayerisch. Die vorletzte Erwerbung auf heute oberpfälzischem Gebiet gelang Bayern mit dem Beitritt zum Rheinbund im Juli 1806. Es handelte sich um die gefürstete Grafschaft Neustadt a. d. Waldnaab-Störnstein der Fürsten Lobkowitz, die nun der Verwaltung der oberpfälzischen Landesdirektion unterstellt wurde.

Im Zuge der von Maximilian Joseph Graf von Montgelas eingeleiteten Reform der bayerischen Staatsverwaltung war 1799 aus der Amberger Regierung und Hofkammer eine Landesdirektion entstanden. Ihren Abschluss fand die Reform mit der Bildung der Generalkommissariate, der späteren Kreisregierungen, als Mittelbehörden. Als man 1808 das Königreich Bayern „in möglichst gleiche Kreise mit Rücksicht auf die natürlichen Grenzen“ einteilte, wurde Amberg Hauptstadt des Naabkreises, der die Landgerichte Eschenbach, Kastl, Kemnath, Nabburg, Neunburg v. Wald, Neustadt/Waldnaab, Pfaffenhofen, Sulzbach, Tirschenreuth, Treswitz, Vohenstrauß, Waldmünchen und Waldsassen umfasste. Die südliche Oberpfalz gehörte zum Regenkreis mit der Hauptstadt Straubing.

Mit der Konstitution des Königreichs Bayern vom 1. Mai 1808 kam nun auch das formale Ende Pfalz-Neuburgs, dessen Gebiet im Bereich der Oberpfalz auf den Naab- und den Regenkreis aufgeteilt wurde.

Zwei Jahre später erfolgte eine Neugliederung der Verwaltungsbezirke. Der Naabkreis wurde aufgelöst und damit verlor Amberg seine Hauptstadtfunktion endgültig. Der nördliche Teil des Naabkreises gehörte nun zum Mainkreis, der südliche Teil zum Regenkreis, dessen neue Hauptstadt Regensburg wurde.

„Wie das Geschmeiß hungriger Fliegen stürzten sie sich in einer der würdelosesten Stunden der deutschen Geschichte auf die blutigen Wunden“ des Reiches. Heinrich von Treitschke fasste in knappen deftigen Worten den Run der Fürsten auf die kleinen und vor allem auf die geistlichen Territorien zusammen. Nur drei geistliche Reichsstände ließ der Reichsdeputationshauptschluss bestehen. Zu ihnen gehörte der Erzbischof von Mainz, den das Reich, zumindest solange es weiterbestand, brauchte, denn die Aufgabe des Mainzers war die Salbung und Krönung des Kaisers. Doch die Stadt Mainz war mit dem zugehörigen Erzbistum links des Rheins ein Teil der Französischen Republik geworden. Die Suche nach einem neuen Sitz für den Erzbischof dauerte nicht lange. Sie fiel auf Regensburg, die Stadt des Immerwährenden Reichstags.

Der Reichstag war eine der wichtigsten reichsrechtlichen Institutionen. Hier entschieden König und Kaiser auf der einen Seite und Fürsten und Reichsstädte auf der anderen Seite über die Geschicke des Reichs. Wo die Versammlungen stattfanden, bestimmte der Kaiser. Aus praktischen Gründen wählte er meistens Orte, bei denen er sicher sein konnte, dass die Teilnehmer auch adäquat untergebracht werden konnten, und aus politischen Gründen sollten sie möglichst neutrales Terrain sein, denn die aufeinander eifersüchtigen Fürsten wären sonst möglicherweise überhaupt nicht erschienen. Regensburg erfüllte beide Kriterien. Hinzu kam, dass alle Reichstage seit 1594 schon in der Donaustadt stattgefunden hatten, denn sowohl von Prag als auch von Wien aus war Regensburg die günstigst gelegene Reichsstadt, die einen Reichstag aufnehmen konnte. Und schließlich spielte es eine Rolle, dass es in der Stadt ein katholisches und ein protestantisches Kirchenwesen gab. Jeder, der zum Reichstag erschien, konnte sich in dieser Hinsicht zuhause fühlen. In Regensburg herrschte ein Klima der Toleranz, das auch später noch gerühmt wurde: „Selten gibt es eine Stadt in Deutschland, in der so viel Freiheit des Denkens, des Sprechens und der Lektüre herrscht.“

Die Voraussetzungen waren perfekt und so wuchs Regensburg langsam in die neue Rolle als Stadt der Reichstage. Als

1663 der Reichstag wiederum nach Regensburg einberufen wurde, löste er sich aus den unterschiedlichsten Gründen nicht mehr auf und blieb „immerwährend" in der Stadt. Das Alte Rathaus wurde zum ständigen Tagungsort einer der zentralen Einrichtungen des Heiligen Römischen Reichs Deutscher Nation – ein Glücksfall für Regensburg, das aus eigener Kraft schon seit Langem nicht mehr viel zuwege gebracht hatte.

Die Fürsten Thurn und Taxis

Von 1748 bis zur Auflösung des Heiligen Römischen Reiches stellte das 1695 in den Reichsfürstenstand erhobene Geschlecht der Thurn und Taxis den Vertreter des Kaisers auf dem Immerwährenden Reichstag.

Die aus der Nähe von Bergamo stammenden Tassis standen seit dem 15. Jahrhundert als Kuriere im Dienst der Päpste. Als Kaiser Maximilian I. ein funktionierendes länderübergreifendes Nachrichtenübermittlungssystem brauchte, verpflichtete er Mitglieder der Familie Tassis, die für ihn eine erste echte Post mit Reiter- und Pferdewechsel und festen Stationen einrichteten. Sie übernahmen nun exklusiv den Transport der kaiserlichen Post im Reich und in weiten Teilen Europas.

Beim Ausbruch des Spanischen Erbfolgekrieges musste die Brüsseler Unternehmenszentrale aufgegeben werden und die Thurn und Taxis (Namensänderung seit 1650!) übersiedelten 1702 nach Frankfurt am Main. Als sie die Vertretung des Kaisers beim Immerwährenden Reichstag übernahmen, verlegten sie ihren Sitz nach Regensburg. Hier erhielt die Familie nach dem Verlust des bayerischen Postmonopols als Entschädigung das säkularisierte Reichsstift St. Emmeram, das Zug um Zug erweitert und zu einem prächtigen, höchst repräsentativen Schloss umgebaut wurde. Die Fürstliche Generalpostdirektion wurde 1810 wieder nach Frankfurt verlegt.

Ab 1816 übernahmen die Thurn und Taxis den Postdienst vor allem in deutschen Mittel- und Kleinstaaten, die nicht über die logistischen und finanziellen Mittel zum Aufbau eines eigenen Postnetzes verfügten. Ständige Querelen mit Preußen führten schließlich zur Unterzeichnung eines Postabtretungsvertrages, mit dem sämtliche Postrechte am 1. Juli 1867 an den preußischen Staat gingen.

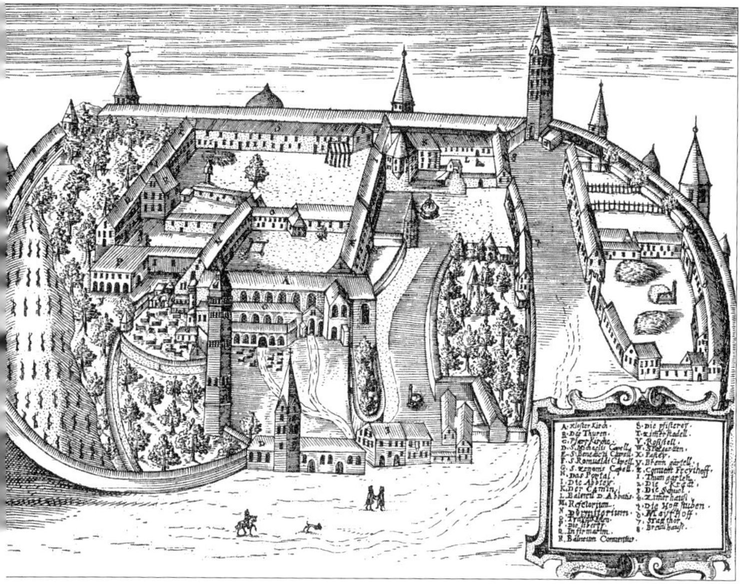

1812 erhielt Fürst Karl Alexander von Thurn und Taxis nach dem Verlust des bayerischen Postmonopols 1810 als Entschädigung das ehemalige Kloster St. Emmeram in Regensburg. – Ansicht des Klosters von 1619.

Auf die Domkirche zu Regensburg wurde der Stuhl von Mainz übertragen. Die Würden eines Kurfürsten, Reichserzkanzlers, Metropolitan-Erzbischofs und Primas von Deutschland sollten auf *ewige Zeiten* im Regensburger Erzbischof vereint bleiben. Ihm wurden drei Territorien zugeteilt, darunter das *Fürstentum Regensburg* mit dem Hochstift und der Reichsstadt *und allem, was davon abhängt, mit den darin befindlichen mittelbaren und unmittelbaren Stiften, Abteien und Klöstern, namentlich St. Emmeram, Obermünster und Niedermünster.* Als Stadt der Reichstage wurde Regensburg unbedingte Neutralität selbst in Reichskriegen zugesichert.

Regensburg war nun Sitz des Erzbischofs und Kurerzkanzlers Carl Theodor von Dalberg. Dieser hatte 1788 die Bischofsweihe erhalten, aber erst zur Zeit der Auflösung des Reichs die Regierung in deutschen Hochstiften übernommen: 1800 in

Konstanz, 1802 in Mainz und Worms. Dalbergs Staat stand auf schwacher Grundlage und war ganz von Napoleon abhängig, der den Erzkanzler dazu bewog, an die Spitze des Rheinbundes zu treten, eines lockeren Zusammenschlusses deutscher Mittelstaaten ohne Preußen und Österreich. Größere Bedeutung erlangte der Bund nicht, denn den neuen Königreichen, darunter Bayern, stand der Sinn nach Souveränität. Allerdings bedeutete die Unterzeichnung der Akte das Ende des Reiches. Am 6. August 1806 legte Kaiser Franz II. die Krone des Heiligen Römischen Reiches nieder. Dalberg litt unter diesen Ereignissen schwer und fühlte sich mitschuldig, obwohl er politisch völlig ohnmächtig war. Zudem brachte ihn seine Verbindung mit Napoleon in ein immer schieferes Licht, je mehr die Empörung in Deutschland gegen den Franzosen wuchs. Schließlich musste er auf das Fürstentum Regensburg und seine Metropole, für die er sich als Reformer und Modernisierer sehr engagiert hatte, verzichten.

Regensburg wird bayerisch

Schon zu kurbayerischen Zeiten hatte Max Joseph – wie die meisten seiner Vorgänger – ein Auge auf das Regensburger Territorium geworfen, als König gelang es ihm endlich, die Reichsstadt samt Hochstift dem bayerischen Staat einzugliedern. König Max I. Joseph war der wichtigste Verbündete Napoleons, und für seine Hilfe forderte er einen angemessenen Ausgleich. Dalberg, ebenfalls mit Napoleon verbündet, aber ungleich weniger wichtig, wurde kurzerhand mit Frankfurt abgefunden und das Fürstentum Regensburg dem Königreich Bayern zugesprochen. Im Mai 1810 war es mit der Selbstständigkeit Regensburgs dann endgültig vorbei – ein tiefer Sturz von der Reichs- zur Provinzstadt, die man auch noch ihrer Kunstschätze „beraubte". Sie verschwanden in den bayerischen Schatzkammern und Depots.

Ganz unentgeltlich wollte Napoleon Regensburg allerdings nicht herausrücken. Der bayerische König sollte dafür 3,1 Millionen Gulden an Frankreich zahlen, eine vergleichsweise geringe Summe, betrachtet man die Kaufsummen für andere territoriale

Erwerbungen Bayerns und die nicht nur durch die napoleonischen Kriege entstandenen immensen Schulden. Sie sollten, so hoffte man, auch durch den Verkauf von Klostergebäuden, -betrieben und Kunstgegenständen, die durch die Säkularisation an Bayern gefallen waren, abgebaut werden.

Gegen „die tiefe Erniedrigung Deutschlands"

Das Zerbrechen des Heiligen Römischen Reiches, die Napoleonischen Kriege und die damit einhergehende Schwächung der deutschen Staaten empfanden viele als eine tiefe Erniedrigung. Die in ihrem Selbstwertgefühl hart getroffenen Menschen suchten nach tröstlichen nationalen Themen und fanden sie in der Geschichte.
Schon 1807, als Napoleon Preußen besiegt hatte, fasste der bayerische Kronprinz Ludwig deshalb den Entschluss, für *rühmlich ausgezeichnete Teutsche* einen Ehrentempel zu errichten, um die *Erstarkung und Vermehrung teutschen Sinnes* zu fördern und den Besuchern seiner Ruhmeshalle Bedeutung und Gewicht des *gemeinsamen Vaterlandes* durch die hier versammelten deutschen Geistes- und Geschichtsgrößen vor Augen zu führen.
Doch zunächst brauchte Ludwig ein Gebäude, um seine hehren Ziele umzusetzen. Erst 1830 konnte schließlich der Grundstein auf dem Bräuberg hoch über der Donau bei Donaustauf gelegt werden, bezeichnenderweise am siebzehnten Jahrestag der Völkerschlacht bei Leipzig. Zwölf Jahre baute Ludwigs Architekt Leo von Klenze an der Walhalla, einem marmornen griechischen Tempel nach dem Vorbild des Parthenon in Athen.
Betritt heute ein Besucher die Halle findet er 128 Marmorbüsten und 64 Gedenktafeln vor, mit denen historische Personen der Geistes- und Naturwissenschaften, der Literatur, der Musik und der bildenden Kunst geehrt werden. Als Letzter wurde 2010 Heinrich Heine in die Ruhmeshalle aufgenommen.

Die Säkularisation in der Oberpfalz

Fast alle europäischen Staaten hatten die bedeutenden Besitzungen der Klöster irgendwann reduziert oder aufgehoben: die protestantischen Staaten während der Reformation, wie es auch in der Oberen Pfalz geschehen war, und die meisten katholischen Länder im 18. Jahrhundert. Etliche Mainzer Erzbischöfe kassierten lange vor Bayern reiche Abteien zugunsten ihres Hochstifts.

Kurfürst Karl Theodor hatte 1798 vom Papst die Erlaubnis erhalten, die bayerischen Klöster mit der riesigen Summe von 15 Millionen Gulden zu belasten oder ein Siebtel ihres Vermögens einzuziehen. Ein Drittel der Summe konnte der Kurfürst den Klöstern tatsächlich abpressen. Wären die Maßnahmen weiter fortgeführt worden, hätte dies schon zur Zeit Karl Theodors deren Aufhebung bedeutet.

Die Regierung unter Montgelas vollendete dann die kurfürstlichen Pläne. Bereits 1796 war ein Drei-Stufen-Plan zur Aufhebung der Klöster ausgearbeitet worden. Zunächst traf es die Niederlassungen der nichtständischen Bettelorden, die seit der Rekatholisierung auch in der Oberpfalz tätig waren. Große finanzielle Gewinne konnte sich Montgelas aus der Aufhebung der Bettelordensklöster nicht erwarten, sie war vielmehr ideologisch motiviert. Vor allem die Bettelordensklöster seien, so eine kurfürstliche Instruktion, Hindernisse für die moralische Ausbildung eines Volkes, für die Verbreitung der Kultur, für *eine zweckmäßige Erziehung der vaterländischen Jugend aller Klassen*. Zu den aufgelösten Klöstern gehörten die der Kapuziner und Franziskaner-Reformaten in Pfreimd, Amberg, Cham, Stadtamhof, Kemnath und Neunburg vorm Wald und das Kloster Schönthal der Augustiner-Eremiten. Die Insassen wurden mit geringfügigen Pensionen entschädigt oder, falls sie nichtbayerischer Herkunft waren, ohne Mittel vertrieben.

Nach den Bettelklöstern sollten die Abteien aufgehoben werden, die zwar Grundbesitz aber nicht die Landstandschaft besaßen, und als dritte Gruppe wurden schließlich nach den Bestimmungen des Reichsdeputationshauptschlusses die landständischen Prälatenklöster aufgelöst, die bisher noch durch die Reichsgesetze geschützt waren. Damit endete die Existenz der Benediktinerklöster Ensdorf, Michelfeld und Reichenbach, der Zisterzienserklöster Waldsassen und Walderbach und des Prämonstratenserklosters Speinshart. Die Kirchen der Konvente überstanden die Säkularisation. Sie wurden Pfarrkirchen. Heute gehören die Gotteshäuser zu den großen Sehenswürdigkeiten des oberpfälzischen Raums, und in die Klöster Waldsassen, Speinshart und Ensdorf ist wieder monastisches Leben zurückgekehrt. In Reichenbach betreibt der Orden der Barmherzigen Brüder eine Einrichtung für behinderte Menschen.

Die Aufhebung des Klosters Speinshart

In Speinshart erfuhr man am 25. April 1803 von der Aufhebung des Klosters. „Eine Menge von Büchern, Bildern und Statuen wurde verbrannt oder um Bagatellpreise versteigert. Die große Frauenglocke, die wegen ihres lieblichen Klanges in der ganzen Gegend bekannt war, sollte ebenfalls versteigert werden. Umsonst boten die Klosterbewohner 600 Gulden, wenn man sie ihnen überließe. Wegen ihrer Größe konnte sie nicht vom Turme geschafft werden. Es blieb nichts übrig, als sie auf dem Turm zertrümmern zu lassen. Selbst mehr als zwölf Schläge waren nicht imstande, ihr einen Riss beizubringen; endlich musste sie doch der Gewalt unterliegen. Die Trümmer wurden durch eine Öffnung des Turmes auf die Straße herabgeworfen. Die Leute weinten beim Anblicke dieser herzergreifenden Szene."

Kloster Speinshart wurde wie die übrigen oberpfälzischen Klöster in der Säkularisation aufgelöst.

Die zwanzig Mitglieder des Speinsharter Konvents durften nur wenige persönliche Habseligkeiten behalten. Sie konnten zunächst in ihrem fast leeren Kloster, in dem die *Aufhebungskommissare ärger hausten als die Schweden*, bleiben oder aber sie entschieden sich, ihre Heimat zu verlassen. Die meisten zogen weg, einige gingen in die Pfarrseelsorge, die anderen traten in den Laienstand zurück.
Insgesamt brachten Versteigerung und Verkauf des Klostereigentums über 150 000 Gulden, eine Verkaufssumme, die *ohne Zweifel größer als calculiert oder gemuthmaßt* war. Der *Auflösungskommissär* wurde, *nachdem er seine Aufgabe vollzogen,* [quasi zur Belohnung] *Landrichter in Eschenbach* (Lkr. Neustadt/Waldnaab).

Überall führte man Klagen über das rigorose Vorgehen der kurfürstlichen Beamten, über Diebstähle und sinnlose Zerstörungen. Die wertvollen Bibliotheken wurden aufgelöst und nach Amberg oder München geschafft oder in Papiermühlen eingestampft. Doch die negativen Folgen der Säkularisation der Klöster gingen noch weiter, denn sie waren nicht nur kulturelle Zentren, sondern sie widmeten sich auch der Bildung. Und diese Aufgaben konnten in der Folgezeit nicht durch entsprechende staatliche Institutionen erfüllt werden. Besonders die ländlichen Gebiete hatten im Bildungsbereich deutlich zu leiden, so deutlich, dass sogar bis in die 60er- und 70er- Jahre des 20. Jahrhunderts ein „katholisches Bildungsdefizit“ feststellbar blieb.

Negative Auswirkungen hatte die Säkularisation auch im sozialen und wirtschaftlichen Bereich. Die Grunduntertanen verloren mit den Klöstern die „eigentlichen Spar- und Kreditkassen der ländlichen Wirtschaft“, die ihnen billige und zum Teil zinslose Kredite gewährten und durch Sachhilfen und soziale Fürsorge Notlagen überbrücken halfen. Jetzt gerieten Bauern, Handwerker und alle ehemals von Klöstern Abhängigen zusehends in Armut und Not. In Tirschenreuth waren kurz nach der Säkularisation von 84 Zeugmachern 79 arbeitslos. Diese ungünstige Situation für Handwerk und Gewerbe blieb Jahrzehnte hindurch bestehen. Auch die bäuerliche Bevölkerung traf nun bei Missernten, Unwetter, Krankheit oder Unglücksfall die volle Wucht des eigenen Risikos, das häufig genug den Verlust der materiellen Existenz bedeuten konnte. Viele wussten sich nicht anders zu helfen, als auszuwandern.

Das schwierige 19. Jahrhundert

„Mach dich auf den Weg": Auswanderung aus der Oberpfalz

Gründe auszuwandern gab es genug, obwohl der bayerische Staat der Überzeugung war, dass jeder in der Heimat sein Auskommen finden könnte und es keinen Anlass gäbe, sich den Unwägbarkeiten einer Ansiedlung in fremden Ländern auszusetzen. Hielten sich die Auswanderungswilligen an die gesetzlichen Bestimmungen, durften sie jedoch ohne Probleme ausreisen. Die gesetzlichen Vorgaben stellten allerdings nicht nur wegen der geforderten Barschaft von 170 Gulden für Einzel- und 125 Gulden pro Person für Familienwanderer hohe Hürden dar. Viele verließen deshalb ohne offizielle Genehmigung und heimlich das Land, unverhohlen von denen dazu aufgefordert, die bereits ausgewandert waren: „Lieber Vater und Bruder, mach Dich auf den Weg sobald wie möglich und schreibe nur, wenn Du abreist. So gib nur keinen Kreuzer aus für einen Pass, denn Du brauchst nichts!", schrieb Christian Haber aus Rochester/USA an seine Verwandten in der Oberpfalz. Dies ging nicht immer gut, wie der Fall des Webermeisters Johann Betz aus dem Landgerichtsbezirk Vohenstrauß zeigt.

Betz war mit Ehefrau und sechs Kindern im April 1845 heimlich nach Bremen aufgebrochen, um nach Amerika auszuwandern. Dort musste er feststellen, dass seine Barschaft nicht ausreichte, um für die ganze Familie die Passage zu bezahlen. Er wusste sich nicht anders zu helfen, als drei seiner Kinder im Alter von zehn bis zwölf Jahren zurückzulassen. Noch vor der Abreise wurden die hungernden Kinder entdeckt und zusammen mit den Eltern in ihre Heimatgemeinde Altenstadt abgeschoben. *Durch diesen Streich ist Johann Betz ein völlig armer Mann geworden*, hielt der Landrichter fest. Der Weber wurde mit einer verschärften Arreststrafe belegt, musste die Kosten des Verfahrens tragen und arbeitete fortan als Flur- und Nachtwächter. An ein besseres Leben im gelobten Land Amerika war nicht mehr zu denken.

Zur wirtschaftlichen Not kamen Ehe-, Ansässigmachungs- und Gewerbebeschränkungen, die Gedanken an Auswanderung nahelegten. Klara Weiglin, eine junge Magd aus Kötzting (Lkr. Cham), verfügte nur über ein geringes Heiratsgut. Eine Verehelichung war damit so gut wie ausgeschlossen. Sie stellte 1810 einen Ausreiseantrag nach Österreich, wo die Heiratsbeschränkungen weniger streng als in Bayern waren: „Mein Vater kann mir nicht mehr als 50 Gulden Heiratsgut geben, wo kann ich in Bayern mit einem Heiratsgut von 50 Gulden ankommen, wahrlich wäre ein stetes Dienen mein beständiges Los und würde ich einmal als Dienstbot krank werden, so wären obenbenannte 50 Gulden verloren. Heirate ich aber Hirnmann (den Glasmacher Josef Hirnmann aus Bistritz, Österreich), so bekomme ich ein schönes Anwesen, ich wäre mit meinem wenigen Heiratsgut versorgt, mein Dienen hat einmal ein Ende und ich werde selbstständig. Wer wird nicht nach einer solchen Ehe schreiten?"

Im Laufe mehrerer Auswanderungswellen verließen bis zu 30 000 Menschen allein das Gebiet des Landkreises Cham und bis zu 20 000 die Gegend um Vohenstrauß. Viele wanderten in die USA aus, aber auch nach Österreich und in andere deutsche Staaten, oder sie zogen in die Arbeit versprechenden Industriestädte Nürnberg und München. Eine Möglichkeit, in der Heimat ihr Auskommen zu finden, sahen sie nicht, zumal auch traditionelle Zweige, wie die Textilerzeugung, als Wirtschaftsfaktor ausgefallen waren. Die bedeutendste oberpfälzische Textilmanufaktur in Weiden hatte schon 1833 ihren Betrieb eingestellt. Dass sich die Textilindustrie im Laufe des 19. Jahrhunderts zu einer ausgesprochenen Wachstumsbranche entwickelte, ging an der Oberpfalz so gut wie spurlos vorbei. Insgesamt bot die Industrialisierung, die im agrarischen Bayern ohnehin nur zögerlich vorankam, den Menschen kaum Alternativen.

Im „Land der Wölfe und der Wilden": Die Gründung der Maxhütte

Am 22. Dezember 1850 traf der aus Belgien stammende Industrielle Telemaque Michiels in Burglengenfeld ein und quartierte sich in der Gaststätte Zur Post ein. Er war unterwegs, um die Braunkohlevorkommen der Gegend zu inspizieren. Am 27. Dezember waren seine Untersuchungen so weit gediehen, dass er seinem Freund Henry Goffard nach München schreiben konnte: „Schließlich möchte ich wiederholen, dass es (die Oberpfalz) ein Land der Wölfe und der Wilden ist, aber gut geeignet für die Herstellung von Stahl und Eisen." Dieser unverschämte Satz steht am Beginn der Industrialisierung und des langsamen wirtschaftlichen Aufschwungs der mittleren Oberpfalz.

Im Sauforst bei Burglengenfeld sollte ein Eisenwerk entstehen – das Eisenbahnzeitalter hatte begonnen. 1835 fuhr die erste Eisenbahn von Nürnberg nach Fürth und leitete in Deutschland eine verkehrstechnische Revolution ein. Die Nachfrage nach Eisen stieg. Das rohstoffarme Bayern musste Schienen, Eisenbahnwagen und Lokomotiven aus dem Ausland, aus Württemberg, Hessen oder Preußen beziehen. Eine teuere Angelegenheit, denn es waren Zölle und hohe Transportkosten zu zahlen. Deutlich günstiger war es, eine eigene Eisenindustrie aufzubauen. Der Belgier war unterwegs, um den günstigsten Standort für einen solchen Industriebetrieb ausfindig zu machen.

Drei Kriterien mussten erfüllt sein, um als Standort für die Gründung des Unternehmens in Frage zu kommen: ein gesicherter Absatz der Produkte, Arbeitskräfte mit Fachkenntnissen und die Versorgung mit Rohstoffen. Der Absatz der Produkte sollte keine Schwierigkeiten machen, war doch der bayerische Staat selbst in höchstem Maße interessiert, vor allem an Eisenbahnschienen. Die Arbeitskräftebeschaffung würde, so glaubte man, ebenfalls kein Problem darstellen. Das handwerklich-bäuerlich strukturierte Burglengenfeld und die umgebenden Dörfer konnten ausreichend Arbeiter zur Verfügung stellen. Nur die Versorgung mit Rohstoffen, also mit Kohle und Eisenerz, hätte nach Überzeugung der Planer schwierig werden können.

Die nächsten größeren Erzvorkommen lagen im Raum Amberg-Sulzbach. Verarbeitet wurde das Eisenerz nur noch in wenigen Hämmern in der Oberpfalz, wie Nittenau oder Bodenwöhr (Lkr. Schwandorf). Michiels wollte diese Hämmer als Zulieferbetriebe für das künftige Werk gewinnen. Damit sicherte er zum einen dessen Eisenversorgung und zum anderen den Bestand der kleinen Hämmer. „Denn die kleinen Hüttenbesitzer kämpften des schlechten, schwankenden und unsicheren Geschäftsganges wegen dauernd mit dem Bankrott."

Die Frage der Eisenversorgung schien damit gelöst, blieb nur noch die Frage der Kohlenversorgung. Und die war, so glaubte der Belgier, mit dem Standort Sauforst ebenfalls gelöst. Hier gab es Braunkohle, das wusste man schon seit etlichen Jahren. Dass diese Kohle aber eine „junge" Braunkohle war mit hohem Wassergehalt und damit geringem Heizwert, konnte Michiels mit den einfachen Untersuchungsmethoden seiner Zeit nicht feststellen.

Das war nicht die einzige Fehleinschätzung des Belgiers. 1851/52 wurden 200 Arbeiter aus der Umgegend angeworben, die man für die Dauer von zwölf bis vierundzwanzig Monaten in das Werk Eschweiler schickte, um das Puddeln, Schweißen oder Walzen zu lernen. Aus ihnen sollte das Stammpersonal des neuen Werkes werden. Aber die Arbeiter waren unzufrieden. Die Unterbringung und Verköstigung in der Fremde sagte ihnen nicht zu und überhaupt war die Arbeit, die man von den im landwirtschaftlichen Umfeld Aufgewachsenen verlangte, viel zu schwierig. Es blieb nichts anderes übrig, als teure ausländische Facharbeiter anzuwerben.

Die „Commanditgesellschaft auf Aktien Michiels, Goffard & Cie", am 17. April 1851 gegründet, hatte 1853 bereits einen Verlust von 200 000 Gulden zu verbuchen. Der Zusammenbruch des Unternehmens drohte, bevor es noch richtig in Betrieb gegangen war. Im Mai 1853 entschied sich Michiels aus der Gesellschaft auszuscheiden. Sie löste sich daraufhin auf und wurde unter dem Namen „Eisenwerk-Gesellschaft Maximilianshütte" im September 1853 als Aktiengesellschaft neu gegründet. Durch die wohlwollende Unterstützung König Maximilians II. und des Münchner Industriellen Joseph Anton von

Die Maxhütte wurde 1853 im Sauforst bei Burglengenfeld gegründet.

Maffei, der weiteres Kapital zuschoss, konnten die Anfangsschwierigkeiten schließlich überwunden werden. Ab 1855 ging es endlich bergauf.

Eisenbahn und Ludwigskanal

Am 12. Dezember 1859 wurde die Eisenbahnstrecke Nürnberg–Amberg–Schwandorf–Regensburg eröffnet. Damit begann eine neue Ära, vor allem für die einheimische Eisenindustrie, denn der lang ersehnte Anschluss der Oberpfalz ans bayerische Eisenbahnnetz ermöglichte nun den billigen Transport von großen Mengen Steinkohle und machte den Einsatz der wenig geeigneten Braunkohle überflüssig.

Es war ein langer, zäher Weg bis das modernste Transportmittel der Zeit endlich den Weg in den Osten Bayerns fand. Schon im Juli 1838 hatte sich der Magistrat der Stadt Amberg mit dem Wunsch an den König gewandt, die Genehmigung für den Bau einer Eisenbahnstrecke von Nürnberg über Amberg nach Regensburg zu erteilen. Der König lehnte ab. Genauso wenig Erfolg hatte ein weiteres Gesuch aus dem Jahr 1841. Vier Jahre später wurde die Stadt Sulzbach beim Regensburger Bürgermeister vorstellig und bat um Unterstützung bei deren Bemühungen um einen Eisenbahnanschluss. Auch dieser Vorstoß blieb ohne Erfolg, genauso wie die beiden Anträge der Stadt Amberg im Mai 1847 und im November 1849.

Selbst fränkische Städte bemühten sich um eine Eisenbahnlinie durch die Region. Die Stadt Bayreuth schlug im Herbst 1844 eine Streckenführung von Bayreuth über Grafenwöhr und Vilseck nach Amberg und weiter durch das Tal der Vils bis Regensburg vor. Dabei sollte eine Abzweigung ab Grafenwöhr über Luhe, Vohenstrauß und Waidhaus nach Böhmen führen. Und Nürnberg befürwortete eine Verbindung über Amberg nach Regensburg und Pilsen. Doch ganz gleich welcher Vorschlag dem König vorgetragen wurde, er lehnte ab.

Dies hatte mehrere Gründe. Zum einen herrschte seit 1840 das Staatsbahnprinzip, das heißt, der Staat ließ keine Privatbahnen mehr zu. Er hätte also selbst die Strecke in die Oberpfalz bauen müssen. Dazu war er aber kaum in der Lage, denn mit dem Bau der Nord-Süd-Bahn war er mehr als ausgelastet. Zum anderen wollte man von staatlicher Seite überhaupt keine Eisenbahn in diesem Teil Bayerns, da ja seit 1835 am Lieblingsprojekt des Königs gebaut wurde, dem Main-Donau-Kanal. Die Wasserstraße und nicht die Eisenbahn sollte nämlich der Verkehrserschließung Ostbayerns dienen. Der aufwändige Bau – sicher eine technische Meisterleistung – verschlang 17,5 Millionen Gulden. Geld, das man besser in andere Projekte investiert hätte, denn als der Kanal 1846 endlich fertig gestellt war, ließ sich der Siegeszug der Eisenbahn längst nicht mehr aufhalten. Der durch den Kanalbau versäumte frühzeitige Anschluss an das bayerische Eisenbahnnetz zwang die Oberpfalz in die wirtschaftliche Isolation.

Ostbayern wäre ganz sicher noch länger ohne Bahnverbindung geblieben, hätte der Landtag nicht im März 1856 ein Gesetz erlassen, das die Gründung privater Eisenbahngesellschaften wieder zuließ. Der Staat hatte schlichtweg kein Geld mehr, um das vorhandene Netz auszubauen. So konnten sich engagierte Privatpersonen, Kaufleute, Fabrikbesitzer und Kreditinstitute zusammenschließen und im April 1856 die bayerische Ostbahngesellschaft gründen, eine Aktiengesellschaft mit einem Startkapital von 60 Millionen Gulden. Der Bau mehrerer Strecken ging zügig voran, wobei sich der Bahnhof Schwandorf zum Knotenpunkt in der mittleren Oberpfalz entwickelte. Von hier aus konnte man 1875, als die Ostbahngesellschaft verstaatlicht wurde, nach Regensburg, nach Furth i. Wald, nach Nürnberg, nach Eger oder Bayreuth reisen. Das Engagement der Gesellschaft bescherte der Oberpfalz insgesamt ein gut ausgebautes Netz an Durchgangslinien. Was jetzt fehlte, waren Lokalbahnen, die von den Hauptstrecken nicht berührte Orte anbanden. Den Bau dieser Bahnen übernahm nun der Staat. Das Vorhaben zog sich bis zum Beginn des 20. Jahrhunderts hin.

Mit der Erweiterung des Eisenbahnnetzes durch die Lokalbahnen war die Oberpfalz endlich anderen Regionen verkehrstechnisch ebenbürtig. Die Verspätung, mit der die Bahn gekommen war, hatte aber deutlich negative Spuren in der Wirtschaft der Region hinterlassen. Beinahe wäre „der Zug ohne die Oberpfalz abgefahren".

Glas und Porzellan

Die Oberpfalz bot eigentlich beste Voraussetzungen für die Glasherstellung. Neben Holz zur Feuerung und zur Herstellung von Pottasche waren Quarz (der „Pfahl"), Kalk (bei Schwandorf und Regensburg) und Ton für die Glashafen (Schwandorf) vorhanden. Trotz der langen Tradition – die älteste Glashütte der Oberpfalz, 1487 erstmals urkundlich erwähnt, stand in Frankenreuth bei Waidhaus – blieb die Bedeutung der Oberpfälzer Glashütten bis in das 19. Jahrhundert sehr gering. Der wichtigste Grund dafür war der hohe Holzverbrauch bei der Pottascheherstellung. Damit traten die „Glaserer" in unmittelbare Konkurrenz zu den Eisenhütten, die ebenfalls auf Holz angewiesen waren und deshalb versuchten, Glashütten gar nicht erst aufkommen zu lassen.

In der ersten Hälfte des 19. Jahrhunderts trat dann ein erster Aufschwung ein, als die Nachfrage nach Spiegelglas stieg und nun die Möglichkeit bestand, Pottasche durch Soda und Glaubersalz zu ersetzen. Neue Glashütten wurden gegründet und daneben Schleif- und Polierwerke, die sich vor allem der verlassenen Hämmer bedienen konnten.

Um die Jahrhundertmitte hatte sich die Veredelung von rohem Spiegelglas in der Oberpfalz fest etabliert, ohne jedoch wirtschaftlich eine größere Rolle zu spielen. Das Rohglas wurde aus Böhmen importiert, veredelt und nach Fürth weiterverkauft, wo es mit Quecksilber und später mit Silber zu Spiegeln belegt meist exportiert wurde. Eine Entwicklung zur industriellen Fertigung hin war noch nicht einmal im Ansatz zu erkennen. Glashütten, Schleif- und Polierwerke blieben auch jetzt nur kleine Handwerksbetriebe.

Das änderte sich, als sich Fürther Handelshäuser in die Produktionsbetriebe einkauften oder neue gründeten. So übernahm die Firma Kupfer aus Fürth 1856 die Glashütte Frankenreuth-Waidhaus und 1872 errichtete Winkler & Sohn die Clarahütte in Windischeschenbach. 1862 waren bereits 17 Schleif- und Polierwerke im Besitz Fürther Handelshäuser.

In den 1880er-Jahren profitierten nun auch die Glashersteller vom Ausbau des Eisenbahnnetzes. Holz war so teuer geworden, dass viele Hütten in die Nähe der Bahnlinien umzogen, um auf Kohlenfeuerung umsteigen zu können. Zudem stiegen die Ansprüche der Kunden, sodass hochwertigere Rohmaterialien eingesetzt werden mussten, die nur mit der Bahn einigermaßen kostengünstig angeliefert werden konnten. Da die Rohstoffe weitgehend aus Norddeutschland kamen, verlagerte sich die Produktion in die nördliche Oberpfalz. Mitterteich, Waldsassen, Neustadt a. d. W., Tirschenreuth und Weiden wurden nun zu Zentren der Flachglasherstellung.

In dieser Zeit überlegten auch einige der Hohlglashersteller aus dem Bayerischen Wald, ihre Hütten zu verlegen, und entschieden sich für das günstig gelegene Neustadt a. d. W. Zu ihnen gehörte die Firma F. X. Nachtmann, die 1834 von dem Glasschneider Johann Michael Nachtmann gegründet worden war. Das Unternehmen zog 1901 mit 100 Mitarbeitern nach Neustadt um und begann 1912 höchst erfolgreich mit der Produktion von Bleikristall.

Um die Wende vom 19. zum 20. Jahrhundert war die Emaillegeschirrfabrik Gebr. Baumann in Amberg der größte Industriebetrieb der Oberpfalz.

Der Aufschwung der Flachglasherstellung hielt nicht allzu lange an. Die Konkurrenz des Gussglases machte ihm ein Ende. Besonders betroffen waren davon die Exporte der Fürther Firmen nach Amerika. Glücklicherweise besserte sich die Inlandsnachfrage ab 1896, sodass wenigstens ein Teil der Produktion abgesetzt werden konnte und die Unternehmen nicht vor dem völligen Zusammenbruch standen. Wie stark die Einbrüche waren, lässt sich den Umsatzzahlen entnehmen. 1890 verkauften die Polierwerksbesitzer Spiegelglas im Wert von fünf Millionen Mark, 1897 wurden nur noch 800 000 Mark umgesetzt.

Die Spiegelglasindustrie der Oberpfalz war im Großen und Ganzen weiterhin durch handwerkliche Produktionsformen geprägt. Bis 1914 wurde nur geblasenes Spiegelglas hergestellt, damit waren Rationalisierungsmaßnahmen und industrielle Fertigung nicht möglich. Zudem war das Schleifen und Polieren, bis auf die Einführung der Rundschleifapparate, auf vorindustriellem Niveau stehen geblieben.

Im Gegensatz zur Eisen- und Glasindustrie hatte die Porzellanindustrie keine Tradition in der Oberpfalz. Hier begann man Mitte des 18. Jahrhunderts mit der Herstellung von Fayencen und Steingut. Die bedeutendsten Betriebe waren die Fayencemanufaktur, die Kurfürst Karl Theodor 1759 im Hammer Philippsburg einrichten ließ, die Steinzeugmanufaktur, die der Amberger Bürgermeister Simon Hetzendörfer 1759 gründete, die gräfliche Steingutmanufaktur du Moulin in Steinsberg (Markt Regenstauf, Lkr. Regensburg), gegründet 1805, und die Steingutfabriken in Hirschau (1826), Reichenbach (1841) und Kümmersbruck (1847).

Das erste Porzellan wurde 1805 in Regensburg produziert. Johann Heinrich Koch war durch den florierenden Handel mit importiertem Porzellan, das in Regensburg bemalt und danach exportiert wurde, auf die Idee gekommen, selbst zu produzieren. Nach Kochs Tod 1815 wechselten mehrmals die Besitzer. Unter Johann Heinrich Anton Schwerdtner, der den Betrieb 1829 erwarb, erlebte dieser eine Blütezeit. In den 1870er-Jahren wurde die Manufaktur jedoch stillgelegt.

Die zweite oberpfälzische Porzellanmanufaktur nahm 1838 in Tirschenreuth ihren Betrieb auf. Sie stellte vorwiegend Pfeifenköpfe her. Rentabel lief sie nicht und benötigte laufend finanzielle Unterstützung durch den Besitzer, der Mitinhaber einer Manufaktur in Lichtenfels war.

Gegen Mitte des 19. Jahrhunderts boten sich zwar sehr gute Bedingungen für die Porzellanproduktion, da die reichen Kaolinvorkommen zwischen Schnaittenbach (Lkr. Amberg-Sulzbach) und Hirschau zumindest teilweise erschlossen waren. Doch die Steingutproduktion hatte ein klares Übergewicht. Die Menschen zogen das billigere Steingut entschieden dem Porzellan vor.

Nach der Jahrhundertmitte begann sich der Wandel vom Steingut weg hin zum Porzellan zu vollziehen. Doch noch fehlte eine wichtige Voraussetzung in der Oberpfalz, um größer in die Porzellanerzeugung einzusteigen: die Eisenbahn. Erst als die Linie von Weiden über Mitterteich und Waldsassen nach Eger im Oktober 1865 eröffnet wurde, bot die nördliche Oberpfalz verkehrstechnisch akzeptable Bedingungen. 1866 gründete Johann Ries eine Porzellanfabrik in Waldsassen, direkt an der Linie Weiden–Eger.

Der eigentliche Aufschwung begann erst in den 1880er-Jahren – die Gründerzeit war an der Porzellanbranche, auch an der oberfränkischen, ziemlich spurlos vorbeigegangen. Vier neue Unternehmen wurden jetzt gegründet. Darunter der Betrieb der Gebrüder Bauscher, die 1881 in Weiden mit 70 Arbeitern begannen. Sie spezialisierten sich auf Hotelgeschirr. Bereits 1892 waren sie Alleinausstatter des gesamten Norddeutschen Lloyd und belieferten Hotels sowie Dampfer- und Speisewagengesellschaften.

Durch den Eisenbahnanschluss, durch neue Kaolinfunde und vor allem durch die gestiegene Nachfrage war die Basis der Oberpfälzer Porzellanindustrie geschaffen. Dass die Betriebe im Norden der Region angesiedelt waren, ist verständlich. Zum einen lag dies an der Möglichkeit des günstigen Bezugs der Roh- und Betriebsstoffe und zum anderen an der Nähe zu Selb, dem Zentrum der deutschen Porzellanindustrie. Hier konnte man die benötigten qualifizierten Arbeitskräfte leichter anwerben.

In den folgenden Jahren bis zum Ersten Weltkrieg begann dann der eigentliche Boom, für den neben der gestiegenen Nachfrage nach wie vor zwei Faktoren ausschlaggebend waren: die nahe gelegenen Rohstoffvorkommen und ein engmaschiges Eisenbahnnetz. Rohstoffe waren in den Kaolingruben bei Tirschenreuth, die weiter ausgebaut wurden, vorhanden, und schließlich entstand 1901 mit den „Amberger Kaolinwerken" in Hirschau das größte Kaolinwerk Deutschlands. Da aber auch Rohstoffe eingeführt werden mussten, war die Bahn unabdingbar. Kaolin kam aus dem Zedlitzer Raum in Böhmen und Quarz und Feldspat aus Skandinavien; schlussendlich war die Bahn auch wegen der hohen Exportquote für den Absatz der Produkte unverzichtbar. Die Abhängigkeit vom Schienentransport zeigt sich im Vergleich von Unternehmensgründungen und Eisenbahnanschluss. Von 21 Betriebsgründungen erfolgten 17 nach dem Anschluss.

An der Schwelle zum Ersten Weltkrieg lag die oberpfälzische Porzellanindustrie an zweiter Stelle in Deutschland. Sie produzierte mit 67 Brennöfen und beschäftigte 4 750 Arbeiter und

Die Firma Josef Witt Weiden stieg nach der Währungsreform 1923 zum Großversandhaus auf. – Werbeanzeige von 1936.

Angestellte. Wegen der Rohstoff- und Verkehrssituation befanden sich die Fabriken ausnahmslos in der nördlichen Oberpfalz. Bei der Porzellanherstellung, die keine rein industrielle Massenfertigung war, kam es nicht nur auf den billigen Bezug der Roh- und Betriebsstoffe, sondern zu einem großen Teil auch darauf an, sich durch Kreativität und handwerkliches Können von der Konkurrenz abzuheben. Und hier konnten die Oberpfälzer durchaus mithalten. So entstanden bedeutende Porzellanunternehmen, wie die Firma Bareuther in Waldsassen, wo um 1890 150 Menschen Arbeit fanden, und die Porzellanfabrik der Brüder Seltmann in Vohenstrauß, die 1914 schon mehr als 500 Arbeiter beschäftigte. Vier Jahre zuvor hatte Christian Seltmann in Weiden eine eigene Porzellanfabrik gegründet, die höchst erfolgreich startete. Zu Beginn des Ersten Weltkriegs fanden hier ebenfalls 500 Personen Arbeit.

Dem Aufschwung wurde durch den Krieg ein jähes Ende bereitet. Besonders die englische Blockade, die das Export-Aus bedeutete, war ein schwerer Schlag für die Porzellanindustrie, von dem sie sich nur langsam wieder erholte.

Vom Bauchladen zum Großversand: „Witt Weiden"

Josef Witts Vater war Schreiner und ganz nahe liegend hatte der Sohn den Beruf des Zimmermanns ergriffen. 1907 traf der 23-Jährige eine folgenschwere Entscheidung: Er gab seinen Beruf auf und übernahm den Kolonialwarenladen seiner Schwester in Reuth bei Erbendorf (Lkr. Tirschenreuth). Der umtriebige junge Mann wollte jedoch nicht nur im Laden auf Kundschaft warten. Mit einer „Buglkraxn" zog er über Land, präsentierte Stoffe, Knöpfe und Bänder und nahm Bestellungen für sein Geschäft auf. Bei den Besuchen erfuhr Witt Vieles über die Wünsche seiner Kunden und erkannte den großen Mangel an Einkaufsmöglichkeiten, der gerade in den abgelegenen Gebieten der Oberpfalz bestand. Für ihn stand bald fest: Nicht der Kunde sollte zur Ware kommen, sondern die Ware zum Kunden. Der junge Mann stieg kurz entschlossen in den Versandhandel ein und gründete eines der ersten Textilversandhäuser in Bayern. Witt kümmerte sich intensiv um Werbung und entwickelte ein Prämiensystem, bei dem jeder, der zum ersten Mal bestellte oder dessen Bestellung einen bestimmten Wert überstieg, ein Geschenk erhielt. Der Erfolg war durchschlagend. So durchschlagend, dass der Jungunternehmer gezwungen war, ins nahe gelegene Weiden umzuziehen, denn die kleine Poststelle in Reuth war hoffnungslos überfordert.
Zum Großversandhaus stieg die Firma nach der Währungsreform 1923 auf, als die Menschen wenig Geld, aber großen Bedarf an Kleidung hatten. Wollte man verkaufen, mussten die Waren also preiswert sein. Mit seinem Slogan „Qualität zu günstigen Preisen" traf Josef Witt den Nerv der Zeit und erlebte einen ungeahnten

Boom. Schon 1924 musste er mit dem Bau eines neuen Gebäudes beginnen, mit dem er den Grundstein für den heutigen Standort der Firma legte. Witt beschäftigte nun 90 Mitarbeiter und erzielte einen Umsatz von 2,5 Millionen Reichsmark. Trotz Krieg und Inflation hatte sich der ehemalige Ein-Mann-Betrieb zu einem deutschlandweit tätigen Versandhaus entwickelt. Und die Erfolgsgeschichte ging weiter. Mitte der 1930er-Jahre war „Witt Weiden" mit seinen rund 5300 Mitarbeitern einer der größten Textilversender Europas. Heute arbeiten rund 2300 Mitarbeiter für die Witt-Gruppe. 1986 vor dem drohenden Konkurs gerettet, ist sie inzwischen eines der erfolgreichsten Unternehmen der Otto Group und einer der größten Arbeitgeber der nördlichen Oberpfalz.

Die Oberpfalz im Nationalsozialismus

Der erfolglose Kampf der NSDAP

Die Kriegsniederlage und die Lasten des Friedensschlusses von Versailles führten in der Oberpfalz, wie überall in Deutschland, zur Ablehnung der jungen Republik und förderten die Hinwendung zu deutschnationalem Gedankengut. Vaterländische Kundgebungen waren an der Tagesordnung. Am 22. und 23. September 1923 fand in Neumarkt ein „Deutscher Tag“ statt. Ein Sprecher beendete seine Rede mit dem Satz: „Wie mächtig in unserem Land die nationale Bewegung geworden ist, dies zeigen die Deutschen Tage in Nürnberg, Hof und Neumarkt.“ Kurz vorher hatte sich im Nebenzimmer des Gasthofs Zum Schwarzen Bären ein Häufchen kämpferischer Männer zusammengeschlossen und eine Ortsgruppe der NSDAP gegründet.

Seit einem Jahr bestanden schon in Amberg und Cham nationalsozialistische Ortsgruppen, und auch in Regensburg „schlug das Ideengut der nationalsozialistischen Bewegung Wurzeln. Regensburg war politisch hart umkämpft. Hier überschnitten sich die Interessen der verschiedenartigsten politischen Strömungen, hier tobte der politische Meinungskampf lange und heiß, denn der Gegner verfügte über feste und schwer zu nehmende Positionen. Das Häuflein Getreuer, das, um die Fahne der nationalen Erneuerung geschart, sich selbst und dem Führer treu blieb, hat trotz dieser zähen Widerstände seinen Auftrag erfüllt.“ Diese Einschätzung des Kriegs-Kreistags der NSDAP zeigt eines deutlich: Ein Zentrum des Nationalsozialismus war Regensburg nicht. Die zähen Widerstände kamen aus Politik und Kirche: Die Oberpfalz war eine Hochburg der Bayerischen Volkspartei und des Katholizismus.

Während der 20er-Jahre bemühte sich die NSDAP in der Oberpfalz verstärkt um Werbung in eigener Sache, trotzdem konnte sie bei den häufigen Wahlen der Weimarer Zeit niemals größere Stimmanteile gewinnen. Hier halfen auch Agitatoren wie Julius Streicher nicht, der das antijüdische Hetzblatt „Der

Stürmer" herausgab und in Sulzbach, Cham oder Regensburg bei Kundgebungen auftrat. Seine antisemitischen Hetztiraden fielen aber auch in der Oberpfalz auf fruchtbaren Boden. Schon 1923 kam es in Neumarkt zu ersten antijüdischen Ausschreitungen.

Dietrich Eckart

Am 29. Oktober 1933 erklangen in Neumarkt Fanfarentöne. Sie verkündeten die Ankunft Adolf Hitlers, der mit Heinrich Himmler, Hans Schemm und weiteren Nazi-Größen hier eingetroffen war, um den mit einem Denkmal zu ehren, der den Begriff „Drittes Reich" geprägt hatte: Dietrich Eckart.
Eckart wurde am 23. März 1868 in Neumarkt geboren. Nach mehreren Versuchen beruflich Fuß zufassen, betätigte er sich als Journalist, Kritiker und Dichter. Er wandte sich rassistischen und okkultistischen Themen zu und verfasste rechtsradikale und antisemitische Texte. Hitler lernte er vermutlich im Herbst 1919 kennen und entwickelte sich zu dessen Mentor und Ideengeber. Eckart propagierte Hitler als den kommenden Retter und nannte ihn im Dezember 1921 erstmals „Führer". Der Chefredakteur des „Völkischen Beobachters" und „Parteidichter" verfasste das „Sturmlied" der SA und prägte den Schlachtruf „Deutschland erwache".
1925, zwei Jahre nach Eckarts Tod, erschien Hitlers „Mein Kampf". Hier verherrlichte er seinen frühen Kampfgenossen als Märtyrer der Bewegung, dem alle Ehren zuteil werden sollten. Während des Dritten Reiches gab es mehrere Eckart-Denkmäler und Gedenkorte. Die Berliner Waldbühne wurde nach Eckart benannt und seine Geburtsstadt Neumarkt trug den offiziellen Beinamen Dietrich-Eckart-Stadt.

Die Wahlergebnisse der NSDAP in der Oberpfalz gehörten zu den schlechtesten in Deutschland. Weder in einer der kreisfreien Städte noch in einem Bezirksamt konnte die Partei die absolute Mehrheit erringen. Besonders deutlich war das Ergebnis der letzten Mehrparteienwahl am 5. März 1933 im Bezirksamt Amberg. Die NSDAP erhielt 26,2 Prozent der Stimmen, die Bayerische Volkspartei 56,3 Prozent.

Auch nach der Machtergreifung standen die Oberpfälzer dem Nationalsozialismus abwartend bis ablehnend gegenüber – trotz anhaltender NS-Propaganda. Sie konnte gegen den christlich motivierten Widerstand an der Basis kaum etwas ausrichten. Spätestens nach dem Tod Hans Schemms († 1935), des Leiters des Großgaus Bayerische Ostmark, dem Oberfranken, die Oberpfalz und Niederbayern angehörten, begann der organisierte Kirchenkampf. Jugendvereine wurden aufgelöst, kirchliche Verbände zerschlagen, Prozessionen unterbunden, Kirchenfahnen verboten und Predigten überwacht. Der Katholizismus sei hier „fester gefügt, gefährlicher und unverschämter als in irgendeiner anderen katholischen Gegend“, hielt der Regierungspräsident von Oberpfalz und Niederbayern, Wilhelm von Holzschuher (Reg.Präs. 1934–39), fest. Dies mache einen unentwegten Kampf erforderlich mit blitzschnellen und kompromisslosen Aktionen, die auf rechtliche Beschränkungen keinesfalls Rücksicht nehmen dürften, „wenn der Schlag sitzen soll.“ So ließ er ohne jegliche gesetzliche Grundlage im Juli 1937 den Schneidermeister Michael Paulus aus Kirchenthumbach (Lkr. Neustadt/Waldnaab) verhaften, weil er während der Fronleichnamsprozession die gelb-weiße Kirchenfahne gezeigt hatte. Solche und weitere Maßnahmen zur „Beseitigung des Kirchenregiments in den Köpfen der Oberpfälzer“ schlugen jedoch fehl. Als der so genannte „Kruzifixerlass“ die Runde machte, kam es zu Spontanprotesten. In Vilseck, Velburg und Amberg gingen Frauen auf die Straße, um die Wiederanbringung der Schulkreuze zu erzwingen. Die Menschen ließen sich durch den Druck der lokalen NS-Größen nicht einschüchtern und demonstrierten nachhaltig für ihren Glauben.

Der überzeugte Kirchengegner Holzschuher gehörte zu den energischen Befürwortern von Konzentrationslagern. Er setzte sich deshalb im Frühjahr 1938 in Verhandlungen mit der Reichsführung SS für die Gründung eines zweiten Lagers in Bayern ein. Man entschied sich schließlich für den Standort Flossenbürg.

Vernichtung durch Arbeit: Das Konzentrationslager Flossenbürg

Nach den Konzentrationslagern Dachau, Buchenwald und Sachsenhausen wurde im Mai 1938 auf Anordnung Himmlers in Flossenbürg (Lkr. Neustadt/Waldnaab) ein weiteres Lager gebaut. Wies man bisher Menschen wegen ihrer politischen Überzeugung und ihrer Volkszugehörigkeit in die Lager ein, traf es jetzt auch die Personen, die nach nationalsozialistischen Begriffen als kriminell oder asozial einzustufen waren. In Flossenbürg, dem ersten Lager einer neuen Generation, sollten gesellschaftliche Außenseiter durch brutale Zwangsarbeit zu „brauchbaren Gliedern der Volksgemeinschaft" werden oder „der Vernichtung durch Arbeit" zum Opfer fallen. Bald überwogen aber auch in diesem Lager die politischen Häftlinge.

Für das abgeschiedene Dorf hatte man sich entschieden, weil es wegen seiner Lage fern der großen Verkehrsstraßen für die Isolierung von Gefangenen geradezu prädestiniert erschien. Zudem sah die SS im dortigen Vorkommen von Granitgestein eine günstige Möglichkeit, die Arbeitskraft der Gefangenen gewinnbringend auszunutzen. Den Bau des Konzentrationslagers geheim zu halten, hielt man nicht für notwendig. Von Anfang an waren öffentliche Verwaltung und Privatfirmen beteiligt, die auch die laufende Lebensmittelversorgung für die Insassen und den SS-Totenkopfverband übernahmen.

Ursprünglich sollten etwa 1600 Häftlinge in Flossenbürg untergebracht werden, doch schon nach kurzer Zeit mussten weitere Baracken gebaut werden, um die doppelte Anzahl von Menschen aufzunehmen. Wirklich gereicht hat der Platz nie. Während des Krieges war das Lager ständig überbelegt und in den letzten Monaten seines Bestehens hoffnungslos überfüllt.

Die Häftlinge wurden zunächst zum Bau des Lagers selbst und bei Arbeiten im Granitsteinbruch eingesetzt. Als die Rüstungsproduktion des Reichs ab 1942/43 immer mehr auf die Arbeitskräfte aus den Konzentrationslagern angewiesen war, begann in Flossenbürg und seinen fast 100 Außenlagern, die bis nach Böhmen und Sachsen reichten, die Produktion von Zulieferteilen für die Rüstungsindustrie. Produziert wurde

Zwangsarbeit im Steinbruch des Konzentrationslagers Flossenbürg.

für Messerschmitt in Regensburg, für Flick, Siemens, Osram oder Junkers.

Ab Ende 1944 wurden zur Intensivierung der Kriegswirtschaft mehrere Tausend jüdischer Häftlinge aus Konzentrations- und Vernichtungslagern im Osten zur Zwangsarbeit nach Flossenbürg transportiert. Nach der Räumung der Lager Auschwitz und Groß-Rosen (Schlesien) 1944/45 trafen nochmals Tausende von Häftlingen hier ein. Wegen seiner Frontferne hatte man sich für Flossenbürg als Auffangstation entschieden. Die Einlieferungen nahmen immer hektischere Züge an, das KZ-System implodierte. Die meisten Menschen kamen im Februar 1945 an, als 6170 männliche und 428 weibliche jüdische Gefangene neu registriert wurden. Nun brachen Seuchen aus, die ein Häftlingstrupp Ende 1944 unerkannt eingeschleppt hatte. Fleckfieber und Typhus steigerten die Sterblichkeitsrate derart, dass das Krematorium zur Einäscherung der Toten nicht mehr ausreichte und die Leichen auf offenem Feld verbrannt werden mussten.

Längst hatte das Lager seine Kapazitätsgrenzen überschritten. Die Folgen für die Häftlinge waren katastrophal. Bei immer weniger Nahrung wurden die geschwächten und unterernährten Gefangenen, die man zudem mit unerbittlicher Härte zu Arbeitseinsätzen trieb, auf engstem Raum zusammengepfercht. Und es war mit weiteren Häftlingsströmen zu rechnen, als Anfang April 1945 die „Evakuierung" des KZ Buchenwald begann und die Menschen in Richtung Flossenbürg in Marsch gesetzt wurden. Wie viele der über 20 000 Häftlinge die Oberpfalz tatsächlich erreichten, ist nicht geklärt. Ihre Ankunft wurde in der Lagerregistratur nicht mehr aufgeführt.

Am 16. April begann die Auflösung des KZ Flossenbürg. Die SS-Wachmannschaften trieben über 10 000 Häftlinge auf einem „Todesmarsch" in Richtung Süden, um sie nicht den Alliierten in die Hände fallen zu lassen. Mehr als der Hälfte der ausgezehrten Menschen kosteten die Evakuierungsmärsche das Leben, ehe sie von amerikanischen Truppen gestoppt werden konnten. 1500 Gefangene hatten die Schergen in Flossenbürg zurückgelassen. Als am 23. April amerikanische Soldaten hier eintrafen, befreiten sie todkranke Menschen, von denen viele den erlösenden Tag nur um Stunden überlebten.

Zwischen 1938 und 1945 waren in Flossenbürg etwa 100 000 Menschen aus über dreißig Nationen inhaftiert. Mindestens 30 000 von ihnen kamen ums Leben. Zu den Opfern des Terrors gehörten auch sieben Widerstandskämpfer aus dem Umkreis des gescheiterten Hitler-Attentats vom 20. Juli 1944. Sie waren am 9. April 1945 hingerichtet worden. Unter ihnen befanden sich Wilhelm Canaris, Hans Oster, Dietrich Bonhoeffer und Friedrich von Rabenau.

Im Juli 1945 richtete die amerikanische Militärregierung auf dem Gelände des Konzentrationslagers ein Internierungslager für deutsche Kriegsgefangene, vorrangig ehemalige Angehörige der Waffen-SS, ein. Von April 1946 bis Ende der 50er-Jahre dienten Teile des Lagers der Unterbringung von nichtjüdischen polnischen „displaced persons", also befreiten Zwangsarbeitern, Soldaten aus deutschen Gefangenenlagern, Häftlingen aus Konzentrationslagern und politischen Flüchtlingen. Zwischen 1957 und 1960 wurde ein Ehrenfriedhof für die Opfer des Konzentrationslagers angelegt.

Der Zustand der Gedenkstätte als reiner Friedhof fand zunehmend Kritik. Mit Ausnahme des Krematoriums waren fast alle Spuren des Lagers beseitigt. Das ehemalige KZ-Gelände präsentierte sich als Wohnsiedlung, Industriebetrieb und Ehrenfriedhof. Von 2004 bis 2007 wurden deshalb umfangreiche Restaurierungsarbeiten durchgeführt und eine Dauerausstellung eingerichtet. Besucher können sich nun über die Geschichte des Konzentrationslagers Flossenbürg mit seinen Außenstellen und über das grausame Schicksal der Häftlinge, die durch Arbeit, Hunger, Willkür und unmenschliche Schikane ihr Leben verloren, umfassend informieren.

Terror …

Fragt man nach der Bedeutung des Konzentrationslagers Flossenbürg für die Verfolgung der jüdischen Bevölkerung der Oberpfalz, ergibt sich eine überraschende Antwort: eigentlich keine. Denn bis zum Sommer 1944 waren jüdische Gefangene hier eher die Ausnahme. Dies bedeutet natürlich nicht, dass in der Oberpfalz lebende Juden vor der Verfolgung sicher gewesen wären. Die Hetzereien der Nationalsozialisten waren auch hier auf fruchtbaren Boden gefallen. In Schwandorf beschmierten SA-Leute in der so genannten Reichskristallnacht ein jüdisches Geschäft, sie zertrümmerten die Schaufenster und schrien „Saujud“ und „Sara, komm raus“. Zusammen mit seiner Frau wurde der Geschäftsinhaber Josef Kahn verhaftet und durch die Straßen getrieben. In der Zeitung war zu lesen: „In Begleitung von Polizei und SS-Männern legten die Fremdrassigen den Weg zurück. Nachdem das jüdische Gesindel in dem bereitgestellten Omnibus Platz genommen hatte, setzte sich der Wagen unter den lauten Verwünschungen der Anwesenden in Bewegung.“ Der Weg führte nach Dachau, wo man Joseph Kahn für einen Monat inhaftierte. Ihm wurden, wie allen anderen, „die Haare bis zur Glatze abrasiert“ und er musste Quälereien, wie „Mann an Mann im Regen stehen“ oder „in Hockstellung hüpfen“, ertragen. Wer dies nicht konnte, wurde gnadenlos verprügelt. Zwei Männer aus Weiden kamen in Dachau ums Leben.

Wie überall in Deutschland wurden auch in der Oberpfalz in der Reichskristallnacht Synagogen teilweise oder vollständig zerstört. Am frühen Morgen des 10. November 1938 zog die Amberger SA in Uniform als „geschlossene Einheit, wenn auch nicht in straffer Marschkolonne" vor die Synagoge. Mit dem Kreisleiter an der Spitze machte sie sich an die Plünderung und Zerstörung der Inneneinrichtung des Gebäudes. Den Befehl zur Sprengung wies der Sprengmeister der SA jedoch zurück. Ihm erschien es wegen der Nebengebäude viel zu gefährlich, die Synagoge zu sprengen oder in Brand zu setzen. Ähnliches geschah in Floß, Neumarkt, Sulzbürg und Weiden. Auch hier sah man wegen der umliegenden Bebauung von einer gänzlichen Zerstörung der Synagogen ab. So „zimperlich" war man in Regensburg nicht. „Schätzungsweise 100 Liter Benzin" schütteten „Männer in Uniform über Bänke, Polstersitze, Stühle und Bilder. Auch mit Putzwolle" wurde nicht gespart, um in dem Gebäude nach der Plünderung leichter Feuer legen zu können. Kurz nach dem Eintreffen der Feuerwehr stürzte die Kuppel der Synagoge ein, es brannte lichterloh. Löschen durfte die Feuerwehr allerdings nicht. Sie hatte lediglich die Nachbargebäude zu schützen.

Die Sulzbacher Synagoge, die ein Bauforscher zu den schönsten Synagogenbauten Bayerns rechnete, überstand die Pogromnacht unbeschadet. Dies lag daran, dass sie längst eine andere Funktion hatte. Bis 1934, dem Jahr der Eingemeindung Rosenbergs, bildete die Synagoge den Mittelpunkt der jüdischen Gemeinde. Nach der Vertreibung der letzten jüdischen Familie aus Sulzbach war in dem Gebäude das Heimatmuseum (bis 1951) untergebracht worden. Derzeit wird die ehemalige Synagoge restauriert. Sie soll zu einer „Erinnerungs- und kulturellen Begegnungsstätte" werden.

… und Widerstand

Widerstand gegen den Boykott jüdischer Geschäfte wurde meist umgehend geahndet, wie ein Nabburger Zeitungsverleger erleben musste, dessen Redaktion verwüstet wurde, als er es wagte, die NS-Aktionen als Unsinn zu bezeichnen. Trotz der Gewaltmaßnahmen gab es couragierte Oberpfälzer, die sich mutig gegen das Regime und auf die Seite jüdischer Mitbürger stellten. So kauften viele Einwohner Chams trotz der NS-Propaganda weiterhin in jüdischen Geschäften, und auch die Bürger von Floß, Neumarkt, Schwandorf und Weiden ließen sich nicht abschrecken, obwohl sie fotografiert und massiv bedrängt wurden. Während der Pogromnacht im November 1938 verwüsteten SA und SS die Wohnung des nicht-jüdischen Weidener Rechtsanwaltes Dr. Franz Joseph Pfleger, weil er wiederholt jüdische Mitbürger vor Gericht vertreten hatte, und etliche Schwandorfer legten nach Einbruch der Dunkelheit vor der Haustüre der verfolgten Familie Kahn Lebensmittel nieder.

Überhaupt waren die jüdischen Familien Schwandorfs geachtet und beliebt, denn sonst wäre folgender Artikel eines nationalsozialistischen Schreiberlings nicht denkbar: Anonym prangerte er in der Zeitung die „ehrvergessenen Weiber an, die es nicht unter ihrer Würde fanden, den Judenvetteln und ihrem Anhang ihr herzlichstes Beileid auszusprechen. Pfui Teufel über ein solches schamloses Gebaren! Wir kennen diese Meckerer auch nach Namen und werden uns nicht scheuen, dieselben auch der breiten Öffentlichkeit mitzuteilen. Der bekannte günstige Wind hat uns eine kleine Zusammenstellung bekannter Schwandorfer Judenknechte zugetragen, die ihr gutes deutsches Geld in die jüdischen Geschäfte tragen."

Unter Lebensgefahr versteckte die Familie des Reichsbahners und ehemaligen Weidener SPD-Stadtrats Nikolaus Rott die Jüdin Rosa Hoffmann, verheiratet mit einem nicht-jüdischen Arzt, in ihrem Bahnwärterhäuschen. Als 1944/45 jüdische Mischehepartner in Konzentrationslager deportiert wurden, blieb sie unentdeckt. Rosa Hoffmann verbrachte bis zum Ende des Krieges fünfzehn Monate in der Obhut der Familie Rott.

Krieg und Zusammenbruch

Als der Zweite Weltkrieg im Mai 1945 zu Ende war, hatten die Oberpfälzer zwei Jahre lang unmittelbare Kriegshandlungen erlebt. Nicht überall waren die Kriegsauswirkungen jedoch so spürbar wie für die Städte Neumarkt, Schwandorf und Regensburg. Im August 1943 wurde die Stadt an der Donau Ziel eines Luftangriffs, nach dem die Messerschmidt-Flugzeugwerke im Westen der Stadt in Schutt und Asche lagen. Vierhundert Menschen verloren dabei ihr Leben. Vom 22. Februar 1944 bis zum 20. April 1945 erlebte Regensburg zwölf weitere Bombenangriffe, bei denen 700 Menschen getötet wurden. Die Einsätze richteten sich vor allem gegen die Bahn- und Hafenanlagen, die historische Altstadt blieb weitgehend verschont. Auch Amberg bekam den Luftkrieg zu spüren, genauso wie Sulzbach-Rosenberg, das ebenfalls zum Ziel von Tieffliegerangriffen wurde.

Schlimm traf es Neumarkt. Zwei Fliegerangriffe und Artilleriebeschuss zerstörten kurz vor Kriegsende den Innenstadtbereich beinahe vollständig. Den Rest erledigten Brandbomben. Am 20. April 1945 erlebte die Stadt die größte Feuerkatastrophe ihrer Geschichte.

Der schwerste Angriff, der gegen eine Stadt in der Oberpfalz geführt wurde, traf Schwandorf mit seinem Eisenbahn-Knotenpunkt. Am frühen Morgen des 17. April 1945 nahm ein englisch-kanadisches Bombergeschwader die Stadt unter Beschuss. Das Inferno dauerte zwar nur fünfzehn Minuten, doch unter der Bombenlast von 633 Tonnen mussten 1250 Menschen ihr Leben lassen. Der materielle Schaden wurde auf fast 30 Millionen Reichsmark geschätzt. Die Schwandorfer bezeichneten diesen Tag als den „schrecklichsten in der Geschichte der Stadt".

Kriegspolitisch stellte der Truppenübungsplatz Grafenwöhr das letzte große strategische Ziel vor der so genannten „Alpenfestung" dar. Deshalb setzte hier der alliierte Oberbefehlshaber Eisenhower seine beste Armee unter General Patton ein. Ein Drittel der rund 300 000 hervorragend ausgebildeten Soldaten besetzte die Oberpfalz. Auf deutscher Seite standen nur noch Restverbände der Wehrmacht oder bis zuletzt sinnlos fanatisch kämpfende Verbände der SS. Typisch für deren verblendete Haltung war das Vorgehen eines SS-Mannes, der sich mit Maschinenpistole und Handgranaten in der Stadtpfarrkirche von Neumarkt verschanzte. Er konnte nur im Sturmangriff über-

Schwandorf erlebte im Zweiten Weltkrieg den schwersten Bombenangriff in der Oberpfalz. Hier die zerstörte Tonwarenfabrik.

wältigt werden. Schließlich streckten ihn mehrere Schüsse mitten in der Kirche nieder. Seine irrwitzige „Verteidigung" kostete hunderten Neumarktern das Leben und beraubte die Stadt ihres historischen Kerns.

Diesem Schicksal entging Regensburg. Auf Befehl des Gauleiters waren am 22. April 1945 die Donaubrücken gesprengt worden. Einen Tag später demonstrierten vor allem Regensburger Frauen für die Übergabe der Stadt, denn es war längst klar, dass sich die Amerikaner nicht mehr aufhalten ließen. Die Menge wurde gewaltsam auseinandergetrieben, drei der Beteiligten, darunter der Domprediger Johann Maier, als Rädelsführer verhaftet und hingerichtet. Für den 27. April erwartete man den Großangriff auf Regensburg, die Amerikaner hatten die Stadt fast völlig eingeschlossen. Doch noch in der Nacht zuvor kam der Befehl zum Abzug der deutschen Truppen. Regensburg konnte den Amerikanern nun doch kampflos übergeben werden. Der Spuk war endlich vorbei.

Es geht aufwärts

Von „Zigeunern" zu „Entwicklungshelfern": Vertriebene in der Oberpfalz

Wie in ganz Deutschland herrschten nach dem Ende des Krieges auch in der Oberpfalz Hunger, Not und Elend. In den zerstörten Städten ging es um ein Dach über den Kopf, überall um Nahrung und Kleidung. Die Wohnungs-, Sozial- und die Flüchtlingsämter hatten mehr als genug zu tun. Ein Strom von Flüchtlingen und Vertriebenen ergoss sich in mehreren Wellen aus den abgetrennten Ostgebieten in die Oberpfalz. Sudetendeutsche und Schlesier bildeten die Mehrheit der Vertriebenen. Sie alle wurden zuerst in Notunterkünften und Behelfslagern, wie in den Kellern des zerstörten Fliegerhorsts Obertraubling (Lkr. Regensburg), untergebracht oder zwangsweise in Privatwohnungen einquartiert. In Amberg stieg die Bevölkerungszahl in kürzester Zeit von 32 000 auf 44 000 Einwohner. Sulzbach-Rosenberg musste 5500 Flüchtlinge und Evakuierte aufnehmen. Jetzt lebten über 18 000 Menschen in der Stadt, in der kein flächendeckendes Trinkwasserleitungs- und Kanalisationssystem vorhanden war, in der die Menschen ihr Wasser aus Quellen und Brunnen bezogen und ihre Abwässer über offene Gräben und Rinnen längs der Straßen oder in Fäkaliengruben entsorgten. Kein Wunder, dass 1947/48 eine Typhusepidemie ausbrach. Auch der Regensburger Oberbürgermeister nannte seine Stadt, die eine der dichtesten Wohnraumbelegungen Bayerns aufwies, einen Seuchenherd.

In den Anfangsjahren konnten die Einheimischen mit den verarmten, geschwächten, aus Städten und aus qualifizierten Berufen kommenden Flüchtlingen, oft höchst despektierlich als „Zigeuner" bezeichnet, wenig anfangen. Schwere Arbeit, ob in der Landwirtschaft, im Bergbau oder in den Eisenhüttenwerken, konnten sie nicht verrichten. Auch die Vertriebenen hatten ihre Probleme mit der insgesamt rückständigen Situation im Handwerk, der Industrie und der Landwirtschaft der Oberpfalz.

Sie konnten sich mit ihrer Lebenssituation nur schwer abfinden und versuchten, die ländlichen Gebiete zu verlassen und in der Stadt Arbeit zu finden, wo mit Wohnungsbauprogrammen für Flüchtlinge begonnen wurde. Einigen gelang es, eine selbstständige Existenz aufzubauen und mit neuen Gewerbezweigen und expandierenden Unternehmen der oberpfälzischen Wirtschaft auf die Beine zu helfen. Sie schafften für sich selbst, bald auch für ihre Mitbürger, Arbeit und schließlich Wohlstand. Zu den Vorzeigeunternehmen der Vertriebenenarbeit gehörten das Bauunternehmen Markgraf in Immenreuth bei Kemnath, die Textilfabrik Hans Tischler, später HATICO, in Tirschenreuth, ALPA in Cham oder die Firma Müllers Karlsbader in Neutraubling (Lkr. Regensburg), einer Gemeinde, die erst nach dem Zweiten Weltkrieg als Siedlung für Vertriebene entstand.

Wirtschaftswunder?

Die Jahre 1945 bis 1948 waren von wirtschaftlichen und sozialen Krisen geschüttelt. Doch mit der Währungsreform des Jahres 1948 zeichnete sich der Silberstreif des Wirtschaftswunders am Horizont ab. Nun konnte man endlich kaufen, was bisher nur auf dem Schwarzmarkt zu haben war, und noch viel mehr. Und auch der Wiederaufbau der zerstörten Städte wie Neumarkt ging bei allen Schwierigkeiten zügig voran. Am 9. Juli 1949 schrieb der Rheinische Merkur: „Bomben und Granaten haben Neumarkt getroffen, nein, sie haben es nahezu ausgelöscht. Aber unvergleichlich betroffen und ganz anders gefesselt als von einem alten Stadtbild ist man von dem Anblick, den Neumarkt heute dem Besucher bietet. Es hält vermutlich einen deutschen Rekord. So ist Neumarkt wieder ein Neumarkt geworden und seine Bewohner sind jenen Pionieren in der Tat ähnlich, die in Amerika sich niederließen und die Gründung einer neuen Stadt beschlossen." Der Weg sei nun geebnet „aus der Vernichtung zur Werte schaffenden Arbeit und zu neuem Leben in einer neuen Stadt."

Doch so leicht war dies nicht, denn an der Oberpfalz ging das „Wunder" zunächst vorbei. Sie hinkte der allgemeinen Entwicklung hinterher. Durch den „Eisernen Vorhang" geriet die Region in eine Randlage ohne Aussicht auf breites wirtschaftliches Wachstum. Immerhin konnten Bergbau, Eisen- und Porzellanindustrie in der Zone um Amberg, Sulzbach-Rosenberg, Burglengenfeld und Tirschenreuth einiges auffangen. Aber es fehlten höhere Bildungseinrichtungen, die qualifiziertes Personal zur Verfügung stellten, ein leistungsfähiges Verkehrsnetz zur Anbindung an die Märkte und weitere Infrastruktur, um Unternehmen anzulocken. Wer an Nierentischen sitzen, Petticoats tragen, ein Motorrad oder gar ein Auto sein Eigen nennen wollte, musste oft genug die oberpfälzische Heimat verlassen, um sein Geld in den boomenden Ballungsräumen München oder Nürnberg zu verdienen. Abhilfe konnten nur staatliche Maßnahmen bringen.

Elvis in der Oberpfalz

Elvis Presley, längst ein Star am Rock'n'-Roll-Himmel, wurde am 24. März 1958 zur US-Armee eingezogen und trat nach der Grundausbildung seinen Dienst in Deutschland an. Am 3. November 1958 traf er in Grafenwöhr ein. Hier war er, wie überall, von einer Fangemeinde umlagert. Öffentliche Konzerte gab er allerdings nicht.

Elvis' Vater Vernon war ebenfalls nach Deutschland gekommen und besuchte ihn heimlich in Grafenwöhr. Der Besitzer des Grafenwöhrer Kultlokals „Micky Bar" nahm Elvis' Vater in seinen Privaträumen auf, sodass er sich ungestört mit seinem Sohn nach dessen Dienstschluss treffen konnte. Von Elvis' Aufenthalten in der Micky Bar wussten nur vier Menschen: das Besitzerehepaar der Bar, deren Sohn und der Taxifahrer, der ihn inkognito aus dem Lager schmuggelte und wieder zurück brachte. Die Gastfamilie verlangte kein Geld für Beherbergung und Bewirtung. Elvis bedankte sich auf besondere Weise. Am Nachmittag des letzten Aufenthaltstages in Grafenwöhr (etwa Mitte Dezember 1958) gab er nach Angaben des Sohnes der Familie ein gut zweistündiges Privatkonzert für die Besitzer der Bar und die höchst erstaunten Angestellten. Wissen durfte davon aus vertragsrechtlichen Gründen niemand.

Elvis Presley hielt sich zwischen 1958 und 1960 mehrmals kurzzeitig in der Oberpfalz auf. Hier prüft er während eines Wintermanövers als Spähtruppführer ein Maschinengewehr, das auf einem Jeep montiert ist.

Elvis' Aufenthalt in Grafenwöhr endete im Dezember 1958. Kurzzeitig hielt er sich nochmals 1959 und 1960 bei Manövern in der Oberpfalz auf. Dabei führte ihn sein Weg auch nach Hirschau. *Da Öllwiß Bressli stäid drunt,* teilte man dem Reporter Josef Müller mit, unter dessen Fenster der Jeep des Idols zufällig angehalten hatte. Müller, nicht unbedingt ein Fan, wusste trotzdem, dass hier eine Berühmtheit zum Greifen nah war und er das Interview seines Lebens führen konnte. Mit *haudujudu* in schönstem Oberpfälzer Englisch und der Frage *Would you spend a country reporter some minutes?* sprach er den Star an. Als der mit „Ja" antwortete, war die Sensation in Hirschau perfekt. Der Volksmusikliebhaber und der King of Rock 'n' Roll unterhielten sich über eine Stunde sehr angeregt. Später schickte ihm Müller die dabei entstanden Fotos, für die sich Elvis bei *Dear Sepp* herzlich bedankte.

Ohne Fördermittel geht es nicht

Eine der frühesten landesplanerischen Initiativen der Nachkriegszeit war die im November 1949 verfasste Denkschrift über die Lage des ostbayerischen Grenzraums. Darin stellte die Landesplanungsstelle die wirtschaftliche Rückständigkeit des Gebietes fest und machte Vorschläge für ein Hilfsprogramm. Fragen der Kriegsfolgen und des Flüchtlingszustroms in die strukturschwachen Gebiete wurden zwar behandelt, doch umsetzbare Lösungen fehlten. Das erste größere Förderprojekt war das 1951 initiierte Sanierungsprogramm des Bundes, das auch dem Regierungsbezirk Oberpfalz zugute kommen sollte. Die Förderungswürdigkeit wurde über Notstandskriterien wie überdurchschnittlich hohe Arbeitslosigkeit definiert.

In den Jahren 1951 bis 1954 flossen über 29 Millionen DM nach Bayern, die ostbayerischen Sanierungsgebiete erhielten 50 Prozent davon. Zusätzlich kurbelte das Land Bayern das „Grenzhilfeprogramm" und die „Frachthilfe Ostbayern" an. Beide boten den Unternehmen, die durch die Abtrennung vom osteuropäischen und ostdeutschen Raum mit zusätzlichen Kosten beim Bezug von Rohstoffen und beim Versand von Fertigprodukten belastet wurden, Subventionen. Weitere Fördermittel standen für Infrastrukturmaßnahmen wie Energie- und Wasserversorgung, Abwasserbeseitigung, Straßenbau und Erschließung von Industriegeländen bereit. Ohne diese Maßnahmen waren Wohnungsbau und die Ansiedlung von Industrie und Gewerbe in den Grenzgebieten und in Zonen mit gewerblicher Monostruktur kaum möglich.

Bis 1967 flossen aus dem Topf der Förderprogramme über 246 Millionen DM in die Oberpfalz. Damit rangierte der Bezirk bei der Förderung von Neuansiedlungen und Modernisierungsprojekten an zweiter Stelle in Bayern. Die Maßnahmen hatten Erfolg. Von 1950 bis 1965 stiegen die Industrieansiedlungen in der Oberpfalz von 60 auf 114. Damit blieb der Regierungsbezirk zwar immer noch industrieller Nachzügler in Bayern, doch im Vergleich mit anderen landwirtschaftlich geprägten Gebieten wie Niederbayern konnte man durchaus von einer günstigen Entwicklung sprechen.

Die bäuerliche Bevölkerung war allerdings enttäuscht und sprach von einem „Ausverkauf der Landwirtschaft" zugunsten anderer Projekte, wie Erschließung von Naturparks und Fremdenverkehrsförderung. Ein Teil der landwirtschaftlichen Betriebe sollte nämlich nach den Vorstellungen des bayerischen Wirtschaftsministers Otto Schedl sein Einkommen nicht nur aus der Landwirtschaft, sondern auch aus dem Fremdenverkehr beziehen. Um den politischen Vorstellungen Nachdruck zu verleihen, legte der bayerische Staat 1967 ein Sonderprogramm auf, das bis 1970 lief. Ergänzt wurde es durch ein Programm des Bundes, das die Umstrukturierung kleinbäuerlicher Gebiete und das Modellvorhaben eines großräumigen Erholungsgebietes in Ostbayern unterstützte.

Trotz dieser Schritte sahen sich vor allem die Klein- und Kleinstlandwirte vor die Notwendigkeit gestellt, ihren Haupterwerb außerhalb der Landwirtschaft zu suchen. Der Landrat von Roding, Franz Sackmann, setzte sich deshalb im Beirat für Grenzlandfragen für eine frühzeitige Umschulung der in der Landwirtschaft frei werdenden Bauern ein. Man hatte vor, Ausbildungswerkstätten einzurichten, in denen die Landwirte zu Facharbeitern umgeschult werden konnten, denn man wollte der Industrie nicht nur Hilfsarbeiter aus der „bäuerlichen Arbeitsreserve“ zur Verfügung stellen. Die erste Fachausbildungswerkstatt sollte in Cham eingerichtet werden, das seit 1961 den Status eines Zentralortes der Landesplanung innehatte und deshalb für eine staatliche Infrastrukturmaßnahme prädestiniert erschien. Um den Strukturwandel voranzubringen, errichteten die Handwerkskammern bis 1970 in Regensburg, Cham, Kemnath und Weiden Ausbildungsstätten, die umso wichtiger wurden, als man für die Jahre bis 1980 mehr als 100 000 aus der Land- und Forstwirtschaft ausscheidende Erwerbstätige erwartete. Doch nicht nur Landwirte sollten in den Genuss von ortsnaher Aus- und Weiterbildung kommen.

Gebietsreform

Ab 1972 wurde in Bayern eine große Landkreis- und Gemeindereform durchgeführt, um die Anzahl der Kreise, kreisfreien Städte und Gemeinden zu verringern. In der Oberpfalz existieren von ehemals 19 Landkreisen noch 7. Verschwunden sind die Kreise Beilngries, Burglengenfeld, Eschenbach, Kemnath, Nabburg, Neun-

burg vorm Wald, Oberviechtach, Parsberg, Riedenburg, Roding, Vohenstrauß und Waldmünchen.
Neu geschaffen wurden der *Lkr. Tirschenreuth*, vergrößert um Gebiete der Altkreise Kemnath und Neustadt a. d. Waldnaab, der *Lkr. Neustadt a. d. Waldnaab*, erweitert um den Landkreis Vohenstrauß und um Teile des ehemaligen Kreises Eschenbach, der *Lkr. Neumarkt i. d. Opf.* mit der bisher kreisfreien Stadt Neumarkt, dem Großteil des alten Landkreises Parsberg und Teilen der Kreise Beilngries und Riedenburg, der *Lkr. Amberg-Sulzbach*, der aus den ehemaligen Landkreisen Amberg, Sulzbach-Rosenberg und einigen Gemeinden der Altkreise Neumarkt und Eschenbach besteht, der *Lkr. Schwandorf* mit der bisher kreisfreien Stadt Schwandorf, den Altkreisen Burglengenfeld, Nabburg, Neunburg v.W., Oberviechtach und einigen Gemeinden des Landkreises Roding, der *Lkr. Cham*, dem der ehemalige Kreis Waldmünchen, der östliche Teil des Kreises Roding und der niederbayerische Landkreis Kötzting zugeschlagen wurde, und schließlich der *Lkr. Regensburg*, der um die bisherigen Landkreise Parsberg, Mallersdorf, Burglengenfeld und um zwei Gemeinden des Kreises Rottenburg a. d. Laaber vergrößert wurde.
Von fünf kreisfreien Städten sind nur drei geblieben, nämlich Amberg, Regensburg und Weiden. Neumarkt und Schwandorf sind den jeweiligen Landkreisen zugeordnet worden.

Universität und Fachhochschule Regensburg

Die „Begabungsreserven" des ostbayerischen Raums wolle man anzapfen, gab der Bayerische Landtag als Grund für seine Entscheidung an, eine vierte Landesuniversität zu gründen. Darüber hinaus sollten die übrigen bayerischen Universitäten durch die Neugründung, die am 18. Juli 1962 beschlossen wurde, entlastet werden. Bis die neue Bildungseinrichtung in Regensburg den Lehrbetrieb aufnehmen konnte, vergingen allerdings noch über fünf Jahre. Als es am 6. November 1967 endlich losging, waren an drei Fakultäten 35 Professoren tätig, die über 600 Studierende betreuten. Damit war ein lang gehegter Wunsch der Stadt Regensburg doch noch in Erfüllung gegangen.

Die 1962 gegründete Universität Regensburg ist heute ein renommiertes, international tätiges Zentrum für Forschung und Lehre.

Schon Herzog Albrecht IV. von Bayern hatte sich zusammen mit dem Rat der Stadt um die Gründung einer Universität in Regensburg bemüht. Der Papst stimmte zwar dem Ansinnen zu, aber das Vorhaben scheiterte schließlich an finanziellen Problemen, denn Regensburg war am Ende des 15. Jahrhunderts längst im Sog des wirtschaftlichen Niedergangs. Im Laufe des Dreißigjährigen Krieges wurde der Gedanke an eine Universitätsgründung wieder aufgenommen. Nach der Eroberung der Stadt durch die Schweden im Jahr 1633 sollte eine evangelische Universität eingerichtet werden. Die Besetzung Regensburgs durch kaiserliche Truppen machte diesen Gedanken jedoch schnell ein Ende. 200 Jahre später standen München und Regensburg zur Wahl, als es um die Frage eines neuen Standorts für die Universität Landshut ging. Bekanntlich entschied König Ludwig I. zugunsten Münchens, und Regensburg ging leer aus. Ein erneuter Anlauf wurde unmittelbar nach dem

Zweiten Weltkrieg unternommen, aber trotz vielversprechender Ansätze musste die Donaustadt weiterhin auf eine Universität warten. Erst den vereinten Kräften ostbayerischer Institutionen, allen voran des 1948 gegründeten Regensburger Universitätsvereins, gelang es schließlich, die Politik von einer Universitätsgründung zu überzeugen.

Heute präsentiert sich die Universität Regensburg als moderne Campusuniversität mit breitem Fächerangebot und hervorragender Infrastruktur. Über die regionale Bedeutung ist sie längst hinaus gewachsen und hat sich zu einem renommierten, international tätigen Zentrum für Forschung und Lehre entwickelt. Neben der Universität findet die Hochschule Regensburg ihren Platz. Sie ist die viertgrößte Hochschule für angewandte Wissenschaften in Bayern und bietet über 6500 Studierenden praxisorientierte Studiengänge in den Bereichen Ingenieur-, Wirtschafts- und Sozialwissenschaften.

Die Hochschule geht auf etliche Vorgängereinrichtungen, wie die 1846 gegründete „Baugewerkschule", zurück. Im März 1958 beschloss der oberpfälzische Bezirkstag den Ausbau der Regensburger Bauschule zu einem Polytechnikum, das schließlich mit Inkrafttreten des Bayerischen Hochschulgesetzes vom 1. August 1971 mit Fachschulen in Selb, Landshut und Zwiesel zur Fachhochschule Regensburg vereinigt wurde.

Einige Absolventen von Universität oder Fachhochschule haben sich sicher Hoffnungen gemacht, einen Arbeitsplatz im Bereich **des** Prestigeprojekts der 80er-Jahre in der Oberpfalz zu finden: beim Bau der Wiederaufbereitungsanlage in Wackersdorf (Lkr. Schwandorf).

Der Weg in den WAA-hnsinn

Seit Ende der 1950er-Jahre wurden in Deutschland Atomkraftwerke gebaut. Doch erst Mitte der 70er-Jahre fing die Bundesregierung an, sich Gedanken über die Entsorgung des Atommülls zu machen. Ende 1980 gab dann Ministerpräsident Franz Joseph Strauß bekannt, dass in Bayern nach einem Standort für eine atomare Wiederaufbereitungsanlage (WAA) gesucht werde.

Dass man sich schon für das oberpfälzische Wackersdorf entschieden habe, wurde als Panikmache zurückgewiesen.

Als die Deutsche Gesellschaft für Wiederaufarbeitung von Kernbrennstoffen (DWK) im Februar 1982 ein Raumordnungsverfahren für eine WAA beantragte, bot die bayerische Regierung tatsächlich Wackersdorf als Standort an. Drei Jahre später entschied sich die DWK für die Errichtung der Anlage in der Oberpfalz. Wackersdorf bot zwei Vorteile. Zum einen gab es genug billiges Bauland und zum anderen genug Arbeitslose, denn der Braunkohleabbau, der die Gegend geprägt hatte, war 1982 eingestellt worden.

Die Aussicht auf sichere zukunftsträchtige Arbeitsplätze und hohe Steuereinnahmen sorgte für ein Glitzern in den Augen der Lokalpolitiker. Nur „G'spinnerte" konnten gegen das Großprojekt sein. Die G'spinnerten stellten Fragen nach der Sicherheit der Anlage und nach den Gefahren, die von ihr ausgingen, und als es keine befriedigenden Antworten gab, formierte sich Widerstand, höchst entschiedener Widerstand, der zum „Krieg" wurde.

Nicht vermummte Steinewerfer, die die Fernsehbilder dominierten, waren die Träger des Protests, sondern die Menschen der Gegend, die sich existenziell bedroht fühlten. Schon 1981 wurde in Schwandorf eine Bürgerinitiative gegen den Bau einer „Atomfabrik" gegründet. In den folgenden Jahren schossen die Initiativen gegen die WAA wie Pilze aus dem Boden. Von Amberg über Cham bis Regensburg wurden Informationsveranstaltungen abgehalten, Schilder und Aufkleber mit der Aufschrift „WAA nein danke" verteilt. Im Februar 1985 trafen sich fast 40 000 Menschen in Schwandorf, um gegen die WAA zu demonstrieren. Dies war die größte Umweltdemonstration, die die Bundesrepublik bis dahin erlebt hatte.

Mit Rodungen im Taxöldener Forst begannen im Dezember 1985 dennoch die Vorarbeiten für den Bau der WAA. Kurze Zeit später errichteten Demonstranten ein Hüttendorf auf dem Gelände, das 3700 Polizei- und Grenzschutzbeamte nach zwei Tagen räumten. Hunderte wurden festgenommen. Am 21. Dezember stand das zweite Dorf, die „Freie Republik Wackerland" – aber nur 18 Tage lang. Als die Polizei am 7. Januar

1986 zur Räumung anrückte, fand sie unter den 3000 Besetzern Bundestags- und Landtagsabgeordnete von SPD und Grünen und den Schwandorfer Landrat Hans Schuierer.

Am Ostermontag 1986 demonstrierten etwa 100 000 Menschen friedlich im Taxöldener Forst bis es im so genannten „Chaoten-Eck“ zu Ausschreitungen kam, die die Polizei erstmals in der Geschichte der Bundesrepublik mit dem Einsatz von Reizgas beantwortete. Nach der Reaktorkatastrophe von Tschernobyl im April 1986 verstärkte sich der Widerstand gegen die WAA. An Pfingsten eskalierte die Gewalt dann auf beiden Seiten. Autonome steckten Polizeifahrzeuge in Brand, Polizeihubschrauber warfen Reizgasbomben und Polizisten trieben die Demonstranten mit Schlagstöcken in die Enge. Es gab 400 Verletzte auf beiden Seiten. Im Juni 1986 kam es bei nicht genehmigten Demonstrationen am 15 Millionen DM teueren Bauzaun erneut zu Auseinandersetzungen zwischen Polizei und Demonstranten. Bundesweit formierte sich nun der Protest unter dem Slogan „Stoppt den WAAhnsinn“, dem sich auch zahlreiche Stars aus der Musikszene, wie Udo Lindenberg, BAP oder Wolfgang Ambros, anschlossen.

Boykott-Aufrufe mehrerer Umweltschutzorganisationen läuteten schließlich die Wende ein. Siemens zog sich als erstes Unternehmen zurück. Der Bau der WAA ging trotzdem weiter und genauso die Proteste dagegen. Als der Motor des ganzen Projekts, Franz Joseph Strauß, am 3. Oktober 1988 überraschend starb, starb auch das Vertrauen der Energieversorgungsunternehmen in die Standhaftigkeit des Freistaats. Die Suche nach Alternativen führte nach Frankreich und England. Am 12. Mai 1989 gab der DWK-Vorstandsvorsitzende Walter Weinländer bekannt: „Die Erfolgsaussichten für die WAA sind zu gering.“ Zwei Menschenleben, viele Verletzte und mehrere Milliarden DM hatte das Unternehmen gekostet, als es am 31. Mai 1989 endgültig eingestellt wurde.

Nun flossen wieder Milliarden, diesmal in die Umgestaltung des Geländes und weitere Infrastrukturmaßnahmen in der Region. BMW schloss Ende 1989 einen Vertrag zum Kauf eines Teilgeländes und produzierte hier ab 1990 Fahrzeugkarosserien. Der BMW-Standort wurde zum Industriepark ausgebaut, in

Protest gegen die Wiederaufbereitungsanlage Wackersdorf.

dem sich Firmen wie der Zulieferer für die Pharmaindustrie Gerresheimer, der Baumaschinenhersteller Sennebogen, Zulieferfirmen für die Automobilindustrie und weitere mittelständische Betriebe ansiedelten. Heute finden im „Innovationspark Wackersdorf" 4000 Menschen Arbeit.

Das Aus für die Maxhütte

Als Wackersdorf nach der Ansiedlung des BMW-Werkes 1990 endlich zuversichtlich in die Zukunft schauen konnte, war für den ehemals größten Arbeitgeber der mittleren Oberpfalz das Ende in Sicht. Die Maxhütte, eines der traditionsreichsten deutschen Stahlwerke, starb in Raten.

Spätestens mit dem Einsetzen der weltweiten Stahlkrise um 1975 begann der Niedergang des Unternehmens, in dem zu dieser Zeit etwa 4100 Personen beschäftigt waren. Bis 1980 wurde die Belegschaft um über 1000 Personen reduziert. Die Maxhütte, die zur Klöckner-Werke AG gehörte, hing bereits am Tropf staatlicher Subventionen. Eine 25-bis-30-Millionen-DM-Spritze sollte helfen, die Produktivität zu erhöhen und die Ertragslage zu verbessern. Blieben staatliche Mittel aus, drohte die Konzernmutter mit der Stilllegung des Stahlwerks in Sulzbach-Rosenberg. Für die Menschen in der ansonsten ländlich geprägten Region um Sulzbach-Rosenberg-Auerbach war dies eine Katastrophe. 21 000 Arbeitnehmer demonstrierten in Sulzbach-Rosenberg: „Die Feuer der Maxhütte müssen weiterbrennen." Im Zuge der Quotenregelung und weiterer Maßnahmen der Europäischen Gemeinschaft genehmigte die EG-Kommission 1982 dann ein Strukturprogramm, das mit staatlicher Hilfe umgesetzt wurde. Der Arbeitsplatz-Abbau ging trotzdem weiter. Die Belegschaft wurde um weitere 1000 Personen reduziert.

Wegen der Auftragsflaute 1982/83 waren die Produktionsanlagen der Maxhütte nicht mehr auszulasten. Kurzarbeit, Stilllegung von Werksteilen in Sulzbach-Rosenberg und Haidhof und weitere Entlassungen waren die Folge. Auch der 1985 abgewickelte Verkauf des rentablen Kaltwalzwerks in Haidhof an den Mutterkonzern konnte den Verlust von 650 Arbeitsplätzen nicht verhindern, denn Klöckner legte das Werk bereits zwei Jahre später still. Obwohl der Freistaat 470 Hektar nicht betriebsnotwendiger Flächen zu einem weit überhöhten Preis kaufte, musste die Maxhütte am 16. April 1987 beim Amtsgericht Amberg Konkurs anmelden – zehn Monate nachdem der zu Beginn des 20. Jahrhunderts größte Industriebetrieb der

Oberpfalz, die Emaillegeschirrfabrik Baumann in Amberg, Konkurs angemeldet hatte. Im Mai 1987 wurde dann die letzte deutsche Eisenerzgrube „Leonie“ in Auerbach, die seit 1877 zur Maxhütte gehörte, geschlossen. Die Katastrophe des massenhaften Verlustes von Arbeitsplätzen war nun nicht mehr aufzuhalten.

Als das bayerische Kabinett einen Arbeitsplatz-Abbau auf 1000 Arbeitnehmer beschloss, kam es zu heftigen, aber völlig aussichtslosen Protestaktionen. Im Zuge der Verwirklichung des staatlichen Konzepts wurde das Werk Maxhütte-Haidhof am 30. Juni 1990 geschlossen. Für das restliche Unternehmen bahnte sich als Kompromiss die Aufspaltung in zwei Nachfolgegesellschaften an: die Neue Maxhütte Stahlwerk mit fünf Anteilseignern, nämlich Thyssen, Saarstahl, Krupp, Klöckner und Mannesmann zu je 11 Prozent und der Freistaat Bayern zu 45 Prozent, und das Rohrwerk Neue Maxhütte mit zwei Anteileignern (Neue Maxhütte Stahlwerk 85 Prozent und Röhrengroßhändler Kühnlein 15 Prozent). Mit dieser Lösung konnten wesentlich mehr Arbeitsplätze erhalten werden als ursprünglich geplant, insgesamt 1677.

1993/94 übernahm der Bauunternehmer Max Aicher die Anteile von Thyssen, Krupp, Klöckner und des Freistaats. Zu retten war das Unternehmen jedoch nicht mehr. Am 6. November 1998 wurde der zweite Konkursantrag gestellt. Das Rohrwerk ging im Jahr 2000 an die ARI-Baustahl GmbH im Besitz der Familie Aicher. Zwei Jahre später kam das Aus für die Neue Maxhütte Stahlwerke GmbH.

In der Betriebsversammlung am 5. Juni 2002 erfuhren die Mitarbeiter, dass die Feuer in der Maxhütte endgültig ausgehen würden. Der letzte Hochofenabstich erfolgte am 23. September 2002, einen Tag später verließ die letzte Charge das Stahlwerk. Bis Mitte 2004 wurden die noch verbliebenen Mitarbeiter in einer Beschäftigungsgesellschaft aufgefangen.

Ein Kommentator schrieb: „Die Aufgabe der kommenden Jahre muss es sein, neue Arbeitsplätze, insbesondere im Dienstleistungsbereich, zu schaffen. In den zurückliegenden Jahren konnte bereits ein Teil der durch die Maxhütte verlorenen Arbeitsplätze durch Neuansiedlungen von größeren Firmen ausgeglichen werden. Für Industrieansiedlungen könnte sich die gute Verkehrsanbindung Sulzbach-Rosenbergs, die durch den Aufstieg der Maxhütte zum größten Industriebetrieb der Region entstanden war, als positiv erweisen." Diese Einschätzung war richtig. Heute bieten das Stahlgruber Kfz-Teile Logistikzentrum, der Werbemittelhersteller Elasto Form KG, der Prägefolienspezialist Kurz und etwa 40 weitere Firmen 3000 Arbeitsplätze in Sulzbach-Rosenberg. Dass die Umstrukturierung höchst erfolgreich verlief, zeigt die Arbeitslosenquote. Sie sinkt kontinuierlich und liegt derzeit bei unter 6 Prozent. Aus dem ehemaligen Sorgenkind ist ein „starkes Mittelzentrum mit deutlicher Aufwärtstendenz" geworden.

Die Kontinentale Tiefbohrung bei Windischeschenbach

Die Überlegungen, eine kontinentale Tiefbohrung durchzuführen, reichen bis in die 1970er-Jahre zurück. 1985 war es dann soweit: Forschungsminister Riesenhuber konnte das „Projekt der Superlative" auf den Weg bringen. Der erste deutsche geowissenschaftliche Großversuch sollte bei Windischeschenbach in der Oberpfalz durchgeführt werden. Ziel war die Erkundung der Erdkruste durch eine 14 Kilometer tiefe Bohrung.

Die Vorbohrung begann im September 1987, die Hauptbohrung im Herbst 1990. Beendet wurden die Arbeiten Ende 1994 bei 9100 Metern. Die angepeilte Tiefe konnte nicht erreicht werden. Zum einen fehlten weitere Finanzmittel, zum anderen war der technisch noch beherrschbare Temperaturbereich von 250 bis 300 Grad, den die Geowissenschaftler bei etwa 14 Kilometer Tiefe erwarteten, bereits erreicht. Nichtsdestoweniger konnten sie mit den zum Teil spektakulären Ergebnissen höchst zufrieden sein. Die Resultate wurden zu Grundlagen für die Weiterentwicklung der Bohrtechnik und lieferten Impulse für künftige Forschungen.

Um den Standort zu erhalten, wurden im Sommer 1992 ein Forschungs- und Informationszentrum und 1998 das GEO-Zentrum eingerichtet, eine Informations- und Begegnungsstätte für Wissenschaft, Schule und Öffentlichkeit. Sie ist heute eine moderne Umweltbildungsstätte, die die Zusammenhänge des komplexen Systems Erde darstellt.

Chancen und neue Wege

Die erfreuliche Entwicklung Sulzbach-Rosenbergs ist sicher auch der Lage an wichtigen Fernverbindungsstraßen zu verdanken, die heute im Osten nicht mehr am „Eisernen Vorhang" enden, sondern weiter in den böhmisch-tschechischen Raum nach Osteuropa führen. Die Grenzöffnung machte die Oberpfalz zur Drehscheibe zwischen West und Ost. Nicht ohne Grund baute Europas führender Elektronik-Versandhändler Conrad sein Logistikzentrum in der Oberpfalz: „Für unsere Logistikzentrale brauchen wir einen optimalen Standort. In Wernberg-Köblitz und Hirschau nahe dem Autobahnkreuz ‚Oberpfälzer Wald' an der Verkehrsachse zwischen Frankfurt und Prag, Berlin und München könnte unser Unternehmen nicht besser platziert sein."

Am 1. Juli 1990 war es soweit: Zwischen Waldsassen und Eger (Cheb), Mähring und Promenhof (Broumov), Bärnau und Paulusbrunn (Pavlov Studenec) und an vielen weiteren Übergängen konnten die Menschen nun ungehindert die Grenze passieren. Der Euphorie folgte bald die Ernüchterung. Viele Firmen verlegten ihren Sitz nach Tschechien oder gründeten dort Zweigbetriebe, hier gingen Arbeitsplätze verloren. Etliche sahen ihre Skepsis und Vorbehalte bestätigt. Deshalb gab es schon bald erste Vorschläge, die Zusammenarbeit auf der Basis gemeinsamer Geschichte voranzubringen. 1991 wurde auf tschechischer Seite die „Euregio Egrensis" gegründet, ein Zusammenschluss verschiedener Kommunen, dem ein Jahr später auf bayerischer Seite eine entsprechende Arbeitsgemeinschaft aus Gemeinden, Vereinen, den Kirchen und auch Privatpersonen folgte. 1993 vereinigten sich die Arbeitskreise zur gemeinsamen „Euregio Egrensis". Schul- und Kommunalpartnerschaften wurden gegründet, von denen die meisten heute noch bestehen. Überregional bedeutsam wurde „Tandem", eine gemeinsame Einrichtung für die grenzüberschreitende Jugendarbeit. Mit dem deutsch-tschechischen Zukunftsfonds konnten etliche Projekte in beiden Ländern finanziell unterstützt werden. Jährlich treffen sich Schüler aus Bayern und Tschechien am Europatag auf dem Tillenberg, der nach der

Vermessung österreichischer Geographen im 19. Jahrhundert in der Mitte Europas liegen sollte. Neuere Berechnungen der Universität München ergaben einen südlicheren Mittelpunkt, nämlich in Hildweinsreuth bei Flossenbürg. Die Europa-Union freute sich 2010 über 600 teilnehmende Kinder und Jugendliche: „Es ist ein gutes Zeichen, wenn sich Jahre nach dem Fall des Eisernen Vorhangs die Kinder zwischen den Grenzen ganz normal begegnen."

Nicht nur für Kinder und Jugendliche ist der Ost-West-Austausch normal geworden. „Ich finde es wunderbar", sagte der tschechische Generalkonsul Josef Hlobil in einem Interview, „dass für viele Tschechen aus Westböhmen der Einkauf in Regensburg, Weiden oder Cham so selbstverständlich geworden ist. Die Leute setzen sich ins Auto, fahren über die Grenze, kaufen ein und fahren wieder zurück – ganz so als würden sie Nachbarn oder Verwandte besuchen. Diese Normalität ist doch ein riesiger Erfolg. Vor allem deswegen, weil man sie nicht von oben verordnen kann. Das Zusammenwachsen und der Wunsch zum Austausch, das sind Prozesse in den Köpfen und in den Herzen der Menschen."

Zwischen Tourismus und HighTech

Das gemeinsame Wollen beider Seiten manifestiert sich auch in der Zusammenarbeit zwischen dem tschechischen Marienbad und dem unter Federführung des Bezirks Oberpfalz neu entstandenen Sibyllenbad in Neualbenreuth (Lkr. Tirschenreuth). Die wirtschaftlich benachteiligte Nordoberpfalz brauchte dringend Unterstützung. Viele traditionelle Industrie- und Handwerksbetriebe, vor allem aus den Bereichen Porzellan und Glas, hatten den Existenzkampf in den 90er-Jahren verloren. Allein der Konkurs der Porzellanfirma Bareuther in Waldsassen brachte 800 Menschen um ihren Arbeitsplatz. Bezirk, Landkreis und die Städte Waldsassen, Tirschenreuth, Mitterteich und der Markt Neualbenreuth beschlossen, auf den Wellness-Zug aufzuspringen und das Sibyllenbad zu einem Flaggschiff für die Region zu machen. Auch wenn mit Besucherrückgängen zu kämpfen war, die Rechnung der Beteiligten ging auf. Fachleute schätzten die Wertschöpfung für die Region auf etwa viereinhalb Millionen Euro jährlich, und mit etwa 60 Arbeitsplätzen im Haus und rund 200 in der Gastronomie leistet das Sibyllenbad einen nicht wegzudenkenden Beitrag zur wirtschaftlichen Stabilität der Region.

Noch vor dem Engagement in Neualbenreuth nahm sich der Bezirk Oberpfalz einer Gegend an, die in den 70er-Jahren schwere Zeiten erlebt hatte. Mit einer Arbeitslosenquote von fast 50 Prozent gehörte der Raum Kötzting zu den bundesweit ärmsten Regionen. Besonders schmerzlich war für die Kötztinger die Gebietsreform von 1972. Die Stadt verlor den Kreissitz und musste von Niederbayern in die Oberpfalz wechseln. Der in den folgenden Jahren entstandene Verlust von Arbeitsplätzen und Kaufkraft ließ viele Menschen in wirtschaftlich besser gestellte Gebiete abwandern. Hier war schnelle Hilfe nötig. Konnte der Tourismus den Rettungsanker liefern? Die Verantwortlichen meinten: „Ja".

Tourismus und der Kneipp-Gedanke sollten den Weg in die Zukunft weisen. Der Bezirk, der Landkreis Cham und die Stadt Kötzting investierten bis 2005 rund 35 Millionen Euro in Infrastruktur und Gesundheitseinrichtungen. Der Erfolg gab den Investoren Recht. 1986 wurde Kötzting Luftkurort, 1995 Kneipp-Kurort und 2005 Kneipp-Heilbad. Die Stadt mit dem Negativrekord in den Arbeitslosenzahlen stieg zu einem prosperierenden Gesundheitszentrum auf, das zusammen mit Sibyllenbad zum Motor für den Gesundheitstourismus in der Oberpfalz wurde.

Weitere touristische Initiativen gibt es hier genug. Vor allem sanfter Tourismus ist gefragt. Wie im Norden, wo für die historische Teichlandschaft um Tirschenreuth und das „Bundesnaturschutzgroßprojekt Waldnaabaue" geworben wird, oder ganz im Süden, wo seit Januar 2010 eines der größten Naturschutzgebiete Bayerns ausgewiesen ist. 1400 Hektar Auenlandschaft im Regental zwischen Cham und Pösing stehen nun unter Schutz und geben rund 350 gefährdeten Tier- und Pflanzenarten Lebensraum. Und in der mittleren Oberpfalz bieten die um Schwandorf-Wackersdorf liegenden Seen eine

Vielfalt touristischer Reize. Wo noch vor drei Jahrzehnten riesige Schaufelradbagger Braunkohle zu Tage förderten, tummeln sich heute Jung und Alt in herrlichen Seen, die zum Baden, Tauchen oder Angeln einladen.

Wandern und Radfahren kann man in der ganzen Oberpfalz – sie ist geradezu ein Wander- und Radlerparadies. Wer möchte, kann sich auf den Wallenstein-Tilly-Weg begeben und die Region von West nach Ost durchwandern, an Vilseck und Luhe vorbei bis zur Festspielburg Leuchtenberg oder auf den Spuren der Leuchtenberger von Weiden über Parkstein, Grafenwöhr nach Norden bis Waldsassen, dann nach Tirschenreuth durch das Waldnaabtal bis Neustadt, nach Flossenbürg, Pleystein, Schönsee, Oberviechtach, Pfreimd und Leuchtenberg wieder nach Weiden radeln und hat dann gut 350 Kilometer zurückgelegt.

Auch der Event-suchende Tourist findet genügend Angebote: den Chinesenfasching in Dietfurt, den Bad Kötztinger Pfingstritt, den Further Drachenstich mit seinem neuen Hightech-Drachen, das von 300 Waldmünchner Laienschauspielern aufgeführte Freilichtfestspiel „Trenck der Pandur vor Waldmünchen" oder die Thurn und Taxis Schlossfestpiele in Regensburg.

Regensburg, die Stadt an der Donau, ist immer eine Reise wert mit ihrer historischen Altstadt, seit 13. Juli 2006 in der Welterbe-Liste der UNESCO, und dem Dom, der seit 2009 die weltgrößte Orgel beherbergt, eine schwebende Orgel, zu der der Organist mit einem gläsernen Aufzug fährt, um die weltberühmten Regensburger Domspatzen musikalisch zu begleiten.

Regensburg ist nicht nur **die** mittelalterliche deutsche Großstadt, sie ist auch ein Hightech-Standort erster Klasse mit der zweithöchsten Arbeitsplatzdichte Deutschlands. Allein 20 000 Menschen sind im IT-Bereich beschäftigt. Im Automobilbau, in der Elektrotechnik, der Energieversorgung, im Maschinenbau, in den Bereichen Biotechnologie und Sensorik hat sich Regensburg hervorragend positioniert.

Aber auch aus anderen oberpfälzischen Städten kommen hochinnovative Produkte. In Weiden und Mitterteich werden PKW-Getriebe, Teile für die Formel 1 und für den Flugzeugbau gefertigt. Hochleistungsmaschinen für die Produktion von Geldkarten oder den Plastikführerschein kommen aus der

Der Further Drachenstich gilt als das älteste Volksschauspiel Deutschlands. Seit 2010 ist ein neuer Drache, der weltweit größte Roboter auf vier Beinen, im Einsatz.

Oberpfalz, genauso wie mit Laser und Wasserstrahl geschnittene technische Gläser, Steuerungen für Airbags und Gurtstraffer, sterile Kunststoffprodukte für die Medizintechnik, Mobilfunkantennen, Handygehäuse oder Röntgengeräte. Oberpfälzer Firmen bauen Brücken und Maste in ganz Europa, produzieren Fahrwege für den ICE und liefern hochmoderne Straßenwalzen bis nach Südamerika oder Australien. Ein Teil der Technik, die bei der spektakulären Rettung der in einem chilenischen Bergwerk verschütteten Bergleute zum Einsatz kam, wurde in Amberg produziert.

Mit einer ganzen Reihe von Spitzenunternehmen, zu denen die Krones AG, der in Neutraubling ansässige, weltweit führende Hersteller kompletter Anlagen für die Abfülltechnik, gehört, hat die Oberpfalz den Strukturwandel hin zur Branchenvielfalt her-

ABUS

vorragend gemeistert. Dass regionale Unterschiede vorhanden sind, steht außer Frage. Aber hier gibt es andere Stärken. Die intakte Natur macht sie für den Tourismus besonders interessant. Insgesamt können die Oberpfälzer stolz auf das Erreichte sein. Ihre Region nimmt bei der Bewertung von Entwicklungspotenzial und Zukunftschancen einen Spitzenplatz ein.

„Wir Oberpfälzer haben in der Geschichte oftmals bewiesen, welcher Mut, welche Kraft und welche Ausdauer in uns stecken. Wir dürfen und sollten deshalb ruhig etwas öfter stolz auf uns selber sein. Unsere Bescheidenheit hindert uns manchmal dabei. Meine Bitte an Sie alle: Zeigen Sie Ihren Stolz auf unsere Oberpfalz, reden Sie im ‚Ausland' über unsere Vorzüge und heben Sie damit unser Ansehen auf das uns zustehende Niveau!", sagte Regierungspräsidentin Brigitta Brunner bei ihrer Ansprache zum Jahreswechsel 2009/2010. Dem ist nichts hinzuzufügen, außer:

„Gott erhalt's, die Oberpfalz!"

◄ Hermann Kronseder gründete 1951 in Neutraubling einen „Handwerksbetrieb für Elektromaschinenbau", heute Krones AG. Das Unternehmen ist weltweiter Marktführer bei der Herstellung von Abfüllanlagen.

Zeittafel

vor ca. 570 Mio. bis vor ca. 800 000 Jahren	Entstehung der oberpfälzischen Landschaft
vor ca. 100 000 Jahren	Neandertaler in der Oberpfalz
vor ca. 7000 Jahren	Jungsteinzeit; Ansiedlung erster Bauern
um 1700 v. Chr.	Beginn der Bronzezeit in der Oberpfalz
um 1200 v. Chr.	Urnenfelderzeit; befestigte Höhensiedlungen
um 700 v. Chr.	Beginn der Eisenzeit
ca. 500 bis ca. 50 v. Chr.	Kelten in der Oberpfalz
ab Ende 2. Jh. v. Chr.	Germaneneinfälle
1. Jh.–5. Jh. n. Chr.	Römer in der Oberpfalz
ab. 3. Jh. n. Chr.	Germanische Siedler in der Oberpfalz
ab 5. Jh. n. Chr.	„Leute aus Böhmen“ (Friedenhain-Přešt’ovice)
ab 6. Jh. n. Chr.	Bajuwaren in der Oberpfalz
um Mitte 6. Jh.–788	Herrschaft der Agilolfinger
um 700	Emmeram von Regensburg
739	Gründung des Bistums Regensburg
743	Der Nordgau wird fränkisch
10. Jh.	Luitpoldinger und Schweinfurter in der Oberpfalz
ab Mitte 10. Jh.	Aufsiedlung der nördlichen Oberpfalz
1034	Erste Nennung der *villa Ammenberg*
ab Mitte 11. Jh.	Grafen von Sulzbach
ab 1077	Diepoldinger als Markgrafen von Cham
1118	Gründung des Klosters Reichenbach
1121	Gründung des Klosters Ensdorf
um 1130/33	Gründung der Klöster Walderbach und Waldsassen
ab 1135	Bau der Steinernen Brücke in Regensburg
ab 1. H. 12. Jh.	Wittelsbacher in der Oberpfalz
Mitte 13. Jh.	Regensburg wird zur „Freien Stadt“
August 1329	Hausvertrag von Pavia
um 1350–1400	Neuböhmen
1387	Große Hammereinung
1410–1499	Fürstentum Pfalz-Neumarkt
ab 1420	Hussiteneinfälle in der Oberpfalz
1433	Schlacht bei Hiltersried
1505	Gründung des Fürstentums Pfalz-Neuburg
1542	Reformation in Regensburg
Mitte 16. Jh.	Die Kuroberpfalz wird lutherisch
ab 1563–1620	Die Obere Pfalz zwischen Luther und Calvin
ab 1614	Gegenreformation in Pfalz-Neuburg

1615–1799	Fürstentum Pfalz-Sulzbach
1619	Kfst. Friedrich V. („Winterkönig") wird böhm. König
1621/28	Die Obere Pfalz wird bayerisch und katholisch
1656	Pfalz-Sulzbach wird reichsunmittelbar
1663	Regensburg wird Sitz des Immerwährenden Reichstags
17. Jh.	Die Obere Pfalz wird zum „Armenhaus" Bayerns
Ende 1703	Die Obere Pfalz wird kaiserlich-österreichisch
1706–1714	Die Obere Pfalz gehört wieder zur Kurpfalz
1742/1778	Karl Theodor wird Landesherr in Pfalz-Sulzbach und Bayern
1748	Die Fürsten Thurn und Taxis werden ständige Vertreter des Kaisers auf dem Immerwährenden Reichstag
1799	Die „Provinz Oberpfalz" entsteht
1803	Reichsdeputationshauptschluss
1803–1810	Fürstentum Regensburg
1808	Amberg wird Hauptstadt des Naabkreises – Fürstentum Pfalz-Neuburg wird Teil Bayerns
1810	Regensburg wird Hauptstadt des Regenkreises
1837	Die Oberpfalz erhält weitgehend ihre heutige Gestalt und die Bezeichnung „Oberpfalz und Regensburg"
1851/53	Gründung der Maxhütte
1859	Die erste Eisenbahn fährt in der Oberpfalz
1872	Gründung der Emaillegeschirrfabrik Baumann in Amberg
1907	Gründung der Firma Witt
1910	Gründung der Porzellanfabrik Christian Seltmann in Weiden
1933	Machtübernahme der Nationalsozialisten – Die Oberpfalz gehört zum Gau „Bayerische Ostmark"
1934	Zusammenlegung Sulzbachs und Rosenbergs
1938	Errichtung des Konzentrationslagers Flossenbürg „Reichskristallnacht"; antijüdische Pogrome
1939–1945	Zweiter Weltkrieg

August 1943–April 1945	Luftangriffe auf mehrere Städte, darunter Regensburg, Neumarkt und Schwandorf
ab 1945	Zustrom von Ostflüchtlingen und Vertriebenen
1946	Verlegung der Firma Conrad von Berlin nach Hirschau
1948	Gründung des Regensburger Universitätsvereins
ab 1949	staatl. Grenzhilfe- und Förderprogramme
1951	Gründung der Etikettiermaschinenfabrik Kronseder in Neutraubling
1958/59, 1960	Elvis Presley in der Oberpfalz
1962	Gründung der Universität Regensburg
1971	Fachhochschule Regensburg
ab 1972	Gebietsreform
ab 1975	Niedergang der Maxhütte
ab 1981	Widerstand gegen die WAA Wackersdorf
1982	Einstellung des Braunkohleabbaus um Wackersdorf
1982/83	Kurzarbeit; Stilllegung von Werksteilen der Maxhütte
1985	Gründung der Firma Auto-Teile-Unger in Weiden
1985–1994	Kontinentale Tiefbohrung bei Windischeschenbach
1986	Konkurs der Emaillegeschirrfabrik Baumann in Amberg
1987	Konkurs der Maxhütte
	Schließung der Grube „Leonie" in Auerbach
1989	Ende des Projekts WAA – Etablierung des „Innovationsparks Wackersdorf"
1990	Schließung des Werks Maxhütte-Haidhof – Etablierung der „Neuen Maxhütte Stahlwerke" – Öffnung der Grenze zur Tschechischen Republik
1998	Konkurs der „Neuen Maxhütte"
	Errichtung des GEO-Zentrums bei Windischeschenbach
2002	Schließung der „Neuen Maxhütte"
2005	Kötzting wird Heilbad
2006	Regensburg wird Welterbe-Stadt
2010	Eröffnung der Kinder-Uni-Klinik-Ostbayern KUNO – Naturschutzprojekt Waldnaabaue

Bezirkstagspräsidenten

Johann Pösl (CSU), 1954–1978
Alfred Spitzner (CSU), 1978–1992
Hans Bradl (CSU), 1992–1999
Rupert Schmid (CSU), 1999–2008
Franz Löffler (CSU), seit 2008

Regierungspräsidenten

Max Graf von Lodron, 1810–1817
Konrad Heinrich Freiherr von Dörnberg, 1817–1828
Arnold von Link, 1829–1831
Eduard von Schenk, 1831–1841
Friedrich Freiherr von Zu Rhein, 1841–1847
Karl Freiherr von Schrenk von Notzing, 1847
Karl Freiherr von Welden, 1847
Friedrich Freiherr von Zu Rhein, 1847–1849
Karl Joseph Freiherr von Künsberg-Langenstadt, 1849–1863
Maximilian von Gutschneider, 1863–1868
Max von Pracher, 1868–1888
Friedrich von Ziegler, 1888–1894
Hartmann Graf Fugger von Kirchberg und Weißenhorn, 1894–1899
Karl Theodor von Lutz, 1899–1905
Friedrich von Brettreich, 1905–1907
Anton Freiherr von Aretin, 1907–1917
Regierungsdirektor Wolfgang Pöll, 1917–1918
Hubert Freiherr von Gumppenberg-Peuerbach, 1918–1921
Theodor von Winterstein, 1921–1927
Ludwig von Rücker, 1927–1930
Regierungsdirektor Julius Hahn, 1930–1932
Heinrich Wirschinger, 1932–1934
Franz Schwede, 1934
Wilhelm Freiherr von Holzschuher, 1934–1939
Friedrich Wimmer, 1939–1943, seit 1940 überwiegend in den Niederlanden tätig
Regierungsvizepräsident Hermann Edler von Gäßler, 1940–1943
Gerhard Bommel, 1943–1945
Ernst Falkner, 1945
Franz Wein, 1945–1952
Josef Ulrich, 1952–1959
Georg Zitzler, 1959–1962
Ernst Emmerig, 1962–1981
Karl Krampol, 1981–1993
Alfons Metzger, 1994–1999
Wilhelm Weidinger, 1999–2004
Wolfgang Kunert, 2004–2008
Brigitta Brunner, seit 2008

Literatur in Auswahl

450 Jahre Reformation im Fürstentum Sulzbach, Amberg 1992.

Ackermann, Konrad, Die Oberpfalz, München 1987.

Ahlborn, Dieter, Geheimnisvolle Unterwelt, Aying 2010.

„Alt und neu zugleich“: 200 Jahre Regierung der Oberpfalz, Regensburg 2010.

Appl, Tobias/Berwig-Wittl, Margit/Lübbers, Bernhard, Philipp der Streitbare, Regensburg 2003.

Bäumler, Suzanne/Brockhoff, Evamaria/Henker, Michael (Hgg.), Von Kaisers Gnaden 500 Jahre Pfalz-Neuburg, Augsburg 2005.

Becker, Hans-Jürgen/Färber, Konrad Maria (Hgg.), Regensburg wird bayerisch, Regensburg 2009.

Benker, Gertrud, Heimat Oberpfalz, Regensburg ^{8}1981.

Bergbau in Ostbayern, Amberg 1986.

Bogner, Franz X., Die Oberpfalz aus der Luft, Regensburg 2010. – Ders., Der Regen, Regensburg 2007. – Ders., Die Naab, Regensburg 2004. – Ders., Im Tal von Vils und Lauterach, Regensburg 2001. – Ders., Im Tal der Schwarzen Laber, Regensburg 1999.

Boos, Andreas, Burgen im Süden der Oberpfalz, Regensburg 1998.

Bosl, Karl, Oberpfalz und Oberpfälzer, Kallmünz 1978.

Brenner, Michael/Höpfinger, Renate (Hgg.), Die Juden in der OberPfalz, München 2009.

Brielmaier, Peter/Moosburger, Uwe, Regensburg – Metropole im Mittelalter, Regensburg 2007.

Bufe, Siegfried, Eisenbahn in der Oberpfalz, Egglham 1993.

Burckhardt, Paul, Die Truppenübungsplätze Grafenwöhr, Hohenfels, Wildflecken, Weiden 1989.

Dallmeier, Martin/Schad, Martha, Das Fürstliche Haus Thurn und Taxis, Regensburg 1996.

Dannheimer, Hermann, Lauterhofen im frühen Mittelalter, Kallmünz 1968.

Das Fürstentum der Oberen Pfalz. Ein wittelsbachisches Territorium im Alten Reich, Neustadt (Aisch) 2004.

Der ostbayerische Eisenerzbergbau vom Mittelalter bis zum Ende des Alten Reiches, Amberg 1987.

Die Bajuwaren. Von Severin bis Tassilo 488–788, München 1988.

„Die Mitten im Winter grünende Pfaltz“. 350 Jahre Wittelsbacher Fürstentum Pfalz Sulzbach, Sulzbach-Rosenberg 2006.

Die Oberpfalz wird bayerisch, Amberg 1978.

Die Oberpfalz und ihre Nachbarn aus dem ehemaligen Nordgau, Regensburg 1994.

Dietz, Karlheinz/Fischer, Thomas, Die Römer in Regensburg, Regensburg 1996.

Dollhofer, Josef, Feuerross und Flügelrad in Ostbayern. Die Ära der Bayerischen Ostbahnen, Regensburg 2010.

Endres, Werner/Berwing-Wittl, Margit/Kleindorfer-Marx, Bärbel, Steingut – Geschirr aus der Oberpfalz, Amberg 2004.

Feistner, Edith (Hg.), Das mittelalterliche Regensburg im Zentrum Europas, Regensburg 2006.

Finke, Manfred, Sulzbach im 17. Jahrhundert, Regensburg 1998.

Fischer, Thomas, Römer und Bajuwaren an der Donau, Regensburg 1988.
Freitag, Matthias, Kleine Regensburger Stadtgeschichte, Regensburg ³2007.
Fuchs, Achim/Ambronn, Karl/Jaroschka, Walter v., Die Oberpfalz in alten Ansichten, Amberg 1988.
Glaser, Hubert (Hg.), Wittelsbach und Bayern, München/Zürich 1980.
Götschmann, Dirk, Wirtschaftsgeschichte Bayerns. 19. und 20. Jahrhundert, Regensburg 2010. – Ders., Oberpfälzer Eisen, Theuern 1985.
Hartmann, Johannes (Hg.), Eisenerz und Morgenglanz. Geschichte der Stadt Sulzbach-Rosenberg, 2 Bde., Sulzbach-Rosenberg 1999.
Hausberger, Karl, Das Bistum Regensburg, Regensburg 2004. – Ders. (Hg.), Carl von Dalberg, Regensburg 1995.
Heigl, Armin, Cuius regio, eius religio?, Regensburg 2009.
Helml, Stefan, Die Oberpfalz im 30jährigen Krieg – der Deutschland und Europa in seinen Bann zog, Amberg 1990.
Hensch, Mathias, Burg Sulzbach in der Oberpfalz, Büchenbach 2005.
Hilscher, Peter, Johannes Hus (um 1370–1415), Regensburg 1999.
Holzfurtner, Ludwig, Die Wittelsbacher, Stuttgart 2005.
Hubel, Achim/Schuller, Manfred, Der Dom zu Regensburg, 5 Bde., Regensburg 2010–2013.
Josef Witt GmbH (Hg.), Qualität mit Herz, Weiden 2007.
Klitta, Georg, Das Finale des Zweiten Weltkrieges in Schwandorf, Schwandorf 1970.
Kolmer, Lothar/Rohr, Christian, Tassilo III., Regensburg 2005.
Konzentrationslager Flossenbürg 1938–1945, Göttingen 2008.
Laschinger, Johannes, Amberg Die kurfürstliche Haupt- und Regierungsstadt der oberen Pfalz, Stuttgart 2000.
Ders. (Hg.), Aus Ammenberg wird Amberg, Amberg 2010.
List, Ulrich, Untersuchungen zum Transportwesen und den Transportwegen des Systems der „Goldenen Straße“ zwischen dem mittelfränkischen und dem böhmischen Becken, seine ökonomische Entwicklung und Bedeutung, Kallmünz 2006.
Menghin, Wilfried, Frühgeschichte Bayerns, Stuttgart 1990. – Ders., Kelten, Römer und Germanen, München 1980.
Moosburger, Uwe/Morsbach, Peter, Regensburg und Europa im Mittelalter, Regensburg 2009.
Ostermann, Rainer, Kriegsende in der Oberpfalz, Regensburg 1995.
Otto, Gerd/Jakobs, Hermann/Rümmele, Kurt (Hgg.), 50 Jahre Zukunft, Regensburg 2009.
Panzer, Marita A., Barbara Blomberg (1527–1597), Regensburg 1995. – Dies., Fürstinnen von Thurn und Taxis, Regensburg 2008.
Pfistermeister, Ursula, Burgen und Schlösser der Oberpfalz, Regensburg 1984. – Dies., Die Oberpfalz, Regensburg 1994.
Pöllath, Ralph, Karolingerzeitliche Gräberfelder in Nordostbayern, München 2002.
Rall, Hans, Kurfürst Karl Theodor. Regierender in sieben Ländern, Mannheim 1993.
Rank, Adolf, Sulzbach im Zeichen der Gegenreformation, Sulzbach-Rosenberg 2003.
RATISBONA SACRA. Das Bistum Regensburg im Mittelalter, München/Zürich 1989.

Reichold, Klaus, Der Himmelsstürmer Ottheinrich von Pfalz-Neuburg (1502–1559), Regensburg 2004.
Salzl, Josef, Die Slawen im Naabtal, Schwandorf 1990.
Schmid, Peter (Hg.), Geschichte der Stadt Regensburg, 2 Bde., Regensburg 2000.
Schneider, Markus, Die Industrialisierung in der Oberpfalz bis zum Beginn des ersten Weltkrieges, Weiden/Regensburg 1993.
Schußmann, Markus, Die Kelten in Bayern, Treuchtlingen ³2007.
Spindler, Konrad (Hg.), Vorzeit zwischen Main und Donau, Erlangen 1980.
Spitta, Wilkin/Morsbach, Peter, Die Oberpfalz, Regensburg 1992.
Stroh, Armin, Die vor- und frühgeschichtlichen Geländedenkmäler in der Oberpfalz, 1975.
Sulzbach und das Land zwischen Naab und Vils im frühen Mittelalter, Sulzbach-Rosenberg 2003.
Thieser, Bernd, Hexenprozesse in der Oberpfalz, Bayreuth 1992.
Thomas, Heinz, Ludwig der Bayer (1282–1347), Regensburg 1993.
Torbrügge, Walter, Die Bronzezeit in der Oberpfalz, Kallmünz 1959. – Ders., Die Hallstattzeit in der Oberpfalz, Kallmünz 1979.
Von Erzgräbern und Hüttenleuten, Amberg 2000.
Was bleibt – Nachwirkungen des Konzentrationslagers Flossenbürg, Göttingen 2011.
Wirth, Klaus/Moser, Günter, Klosterkirchen der Oberpfalz, Amberg 1989.
Wolfsteiner, Alfred, Die Pest in der Oberpfalz, Weiden 1992.

Internetadressen

www.regierung.oberpfalz.bayern.de
www.ropf.de
www.bezirk-oberpfalz.de
www.kreis-as.de
www.landkreis-cham.de
www.landkreis-neumarkt.de
www.neustadt.de
www.landkreis-regensburg.de
www.landkreis-schwandorf.de
www.kreis-tir.de

www.bistum-regensburg.de
www.bayern-evangelisch.de

www.oberpfalz.de
www.freilandmuseum.org
www.museumtheuern.de

www.uni-regensburg.de
www.hvor.de
www.ihk-regensburg.de
www.wirtschaftsclub-nordoberpfalz.de
www.hwkno.de
www.zukunftsagenturplus.de

www.oberpfaelzerwald.de
www.ostbayern-tourismus.de
www.weiden-tourismus.de
www.ferienregion-stiftland.de
www.geozentrum-ktb.de

Register

Personenregister

Ortsregister

Bildnachweis

A. Laumer (www.oberpfalz-luftbild.de): 10, 49
akg-images / AP: 175
Amberger BI (www.amberger-bi.de): 183
Amt für Kultur, Stadtgeschichte und Tourismus der Stadt Weiden: 71
Bildarchiv Preußischer Kulturbesitz: 165
Foto ArcTron, Altenthann: 20
Franz X. Bogner: 14
http://commons.wikimedia.org: 25, 79 (Matthias Platzek, CC-by-sa 2.0), 101 (Hermann Luyken, CC-by-sa 3.0), 158
Krones AG: 192
Kultur-Schloss Theuern: 73
Matthias Süß: 40, 88
Nach: Die Industrie der Oberpfalz in Wort und Bild, Regensburg 1914: 155
Nach: Dietz, Karlheinz / Fischer, Thomas, Die Römer in Regensburg, Regensburg 1996: 30
Nach: Glaser, Hubert (Hg.), Wittelsbach und Bayern, Bd. I/1: Die Zeit der frühen Herzöge, München 1980: 56
Nach: H. Wolf, Eisenerzbergbau und Eisenverhüttung in der Oberpfalz, München 1986: 129
Nach: Lebenslust und Frömmigkeit. Kurfürst Carl Theodor (1724–1799) zwischen Barock und Aufklärung, Regensburg 1999: 126
Praemonstratenserabtei Speinshart: 145
Rudolf Weber: 110
Staatsarchiv Amberg: 91
Stadt Oberviechtach: 133
Stadtarchiv Amberg (Regierung Amberg – Geistliche Sachen 303/2): 67
Stadtarchiv Schwandorf: 171
Stadtmuseum Sulzbach-Rosenberg: 119
Tourist-Info Furth im Wald: 191
ullstein bild – blende11.de: 151
Universität Regensburg: 179
Verlagsarchiv: 54, 82, 141
Wolfsteinfreunde e. V.: 84